铁赚

谭丰华 ◎ 著

Principles of
Building Wealth

广东经济出版社

·广州·

图书在版编目（CIP）数据

铁赚 / 谭丰华著. — 广州：广东经济出版社，2025.4. — ISBN 978-7-5454-9561-4

Ⅰ．F830.59

中国国家版本馆CIP数据核字第2025V6953G号

责任编辑：周伊凌　许　璐
责任校对：汪宗跃
责任技编：陆俊帆
封面设计：沐云 BOOK DESIGN QQ:2287215891

铁赚
TIE ZHUAN

出 版 人：	刘卫平
出版发行：	广东经济出版社（广州市水荫路11号11~12楼）
印　　刷：	佛山市迎高彩印有限公司
	（广东省佛山市顺德区陈村广隆工业园兴业七路9号）
开　　本：	889 mm×1194 mm　1/32
印　　张：	8.375
版　　次：	2025年4月第1版
印　　次：	2025年4月第1次
书　　号：	ISBN 978-7-5454-9561-4
字　　数：	154千字
定　　价：	58.00元

发行电话：（020）87393830
如发现印装质量问题，请与本社联系，本社负责调换
版权所有·侵权必究

自序

在充满不确定性的年代,
铁赚

为什么我辛辛苦苦上班,起得比鸡早,睡得比狗晚,"996""007",精疲力竭,赚的钱远远不如朝九晚五不加班的?

为什么我天天研究股票,精打细算搞理财,却没有赚到钱,反而变成"韭菜"?

为什么我上班累,下班忙,兼职开网约车多年,依然是穷人一个?

为什么别人年纪轻轻就创立了上市公司,早早实现了财富自由,而我一大把年纪了,依然没有任何成就?

……

这些"人生难题",**聚焦一个主题:赚钱。**

赚钱,是我们绝大多数人生存发展、赢得尊重、实现理想的根本手段。不管我们是上班族、投资者,还是创业者、自由职业者,赚钱都是我们的生存之道。

通过合法、合乎道德规范的方式去努力创造财富,很有必要,也很高尚。但是,赚钱并不容易。"赚钱难,难于上青天",对于很多人而言,这是一个事实。毕竟,从生产力和大数定律来看,能赚大钱的人只是少数,大多数人只能赚到平均水平的财富。

对于赚钱,我们往往会走入一个误区,那就是,认为赚不到钱都是外部不可控原因造成的：经济不好，行业不行，单位太差，运气太糟，靠山没有，关系不硬。如此一抱怨，我们就会让自己的贫穷合理化，从而变得心安理得，且有足够的理由继续安于现状，无须努力进取，从而毫无愧疚地在平庸之路上越走越远。

当然，我们也可能这样想："赚钱难"的根源就是自己。自身也会反思：我的路径和方法有没有问题，我有没有把自己分内的工作做好，我有没有真正地为所在机构创造价值、为社会做出贡献。

在纯粹的市场经济中，等价交换是一条公理，意味着贡献会得到回报，价值会得到变现。这里的等价不是价值的绝对相等，而是你的收获基本上和你所做出的贡献成正比。即使一时之间得不到回报，你所创造的价值也会在时间的进程中得到变现。

在市场机制下，一位头部主播在一场直播中可以卖货达到1亿元，一个人就能赚到上千万元；一位一线演员拍摄一部卖座的影视作品，片酬可能达到上亿元；一名优秀的打工人，他的年薪可能上亿元，甚至超过10亿元。

这些人为什么能够赚那么多钱？其实，虽然他们赚钱很多，但也和绝大多数人一样，存在于市场经济环境之中，在自由平等交换逻辑之下，通过创造价值来赚钱。

在市场机制的作用下，我们为市场和社会创造了多少真正的价值，市场就会给我们多少回报。注意，这里说的"市场机制"是一种具有价值发现功能的机制；"真正的价值"是指我们向市场提供的产品、服务确实为雇主、用户创造了实实在在的价值。可以说，创造价值就能赚钱。

如此简单的道理，为什么很多人没有认识到呢？前面提到的几个问题，为什么成了人生难题？

对待赚钱，不同的人有不同的思维方式。

一种是"别人给我"。只要"我上班了""我干了""我加班了""我努力了""我尽力了""我搞理财了"，你们就应该把钱给我；如果不给，我就不理解、不接受，就抱怨。

另一种是"我给别人"。秉持这种思维方式的人，思考的是"我为市场和社会创造了多少价值，而这些价值是可以变现的"。当雇员的时候，我为雇主做了什么贡献；创业的时候，我为客户创造了什么价值；投资理财的时候，我是不是把资金投向了最有价值的资产。

这两种思维方式的根本区别在于，前者着眼于"付出"，**后者讲究"贡献"**；前者依赖于他人评价，后者依靠市场效用；前者更多依靠别人，但收入更为被动，后者更多依靠自己，收入也更有优势。

事实上，走上"别人给我"道路的人，在工作上按部就班，到点上班，掐点下班，得过且过，从未想过为老板和公司创造更多价值，就等着发工资，赚得少乃是在情理之中。而信奉"我给别人"的人，会在自我精进，提升能力和贡献上下大力气，他不仅为雇主，也为这个社会创造更多的价值和财富，往往会赚得更多。

这里就出现了财富创造的路径分野：聚焦"他人给我"，财富渐行渐远；聚焦"我给他人"，财富主动上门。

至此，"价值"为我们提供了创造财富的最佳视角——创造价值应该成为创造财富的第一推动力。在当今世界上，财富永远不会亏待创造价值的人。

因此，我们发现了一条"铁赚"之道——依托价值的财富创造。 无论是职场发展，还是投资理财，抑或搞副业、创业，我们都必须紧紧抓住"价值"这个"牛鼻子"，去发现价值、创造价值，通过价值来变现，最终"铁赚"。

赚钱很难，毕竟这是一件不确定因素众多的事情；但赚钱也很容易，因为它的根本驱动因素只有一个，那就是"价值"。

"铁赚"的本质，就是在这个充满不确定性的世界里，聚焦价值创造，千方百计降低我们所从事的业务的风险，甚至将风险降低到零，同时，全力以赴去提升业务的收益。

"铁赚"是一种思维方式，也是一种生存之道。关于"铁赚"的讨论应该是开放的，希望读者朋友参与到"铁赚"的探讨中来。我想，只要是围绕价值创造、降低风险、提升收益进行的探讨，对于读者朋友来说都会是大有裨益的。

目 录

1 第一章 认知
驱动富足人生的第一要素

第一节　财富是对认知的奖赏　/ 002

第二节　如何快速有效地提升认知水平　/ 017

第三节　提升知行力的方法　/ 025

2 第二章 价值
财富破局的关键要素

第一节　创造财富，难于上青天吗　/ 042

第二节　懂价值，就懂财富　/ 046

第三节　让自己更值钱的方法　/ 051

3 第三章 能力
你拿什么创造价值

第一节　"死磕"能力，让自身价值得到最大可能的发挥　/ 062

第二节　刻意练习，成为想成为的人　/ 067

第三节　做时间的朋友　/ 078

4 第四章 行动
如何诉诸卓有成效的行动

第一节　为什么懂得了许多道理，却依然过不好这一生　/ 090

第二节　做思想的巨人，也做行动的强者　/ 095

第三节　提升行动力的方法　/ 101

5 第五章

职场
大多数人的生存发展之道

第一节　职场的底层逻辑　/ 112

第二节　职场能造富吗　/ 116

第三节　成为"职场富人"的相关线索　/ 122

6 第六章

理财
价值驱动的创富工具

第一节　现金管理类理财产品：聚焦存款　/ 134

第二节　固定收益类理财产品：聚焦债权　/ 144

第三节　权益类理财产品：聚焦股权　/ 151

第四节　商品及金融衍生品类理财产品、混合类理财产品　/ 156

7 第七章 副业
业余时间"不业余"的创富手段

第一节　副业即"富业"　/ 164

第二节　副业的制胜法则　/ 170

第三节　副业"转正"的三条路径　/ 179

8 第八章 创业
创造财富的无限可能

第一节　创业的意义　/ 186

第二节　低成本创业　/ 194

第三节　一人企业的无限可能　/ 201

第九章 "铁赚" 贯穿一生的财富计划

第一节　青葱学子（18—22岁）：注重"志业" / 214

第二节　活力青春（23—35岁）：突出"抉择" / 224

第三节　正值壮年（36—63岁）：聚焦"创造" / 234

第四节　悠长假期（退休之后）：关注"作为" / 241

后　记　让我们勇敢地踏上"铁赚"之路　/ 251

- 财富是对认知的奖赏
- 如何快速有效地提升认知水平
- 提升知行力的方法

扫码踏上"铁赚"之路

第一章
认知

驱动富足人生的第一要素

财富是对认知
的奖赏

- ☑ 认知水平
- ☑ 财富创造
- ☑ 认知黑洞

财富是什么？广义的财富是指具有价值的东西，包括自然财富、物质财富、精神财富等；狭义的财富单指物质财富。我们日常说的创造财富，一般是指赚钱。

　　赚钱，是一个多么简单而又重要的词语。它跟谋生、获得尊重、享受生活、实现理想密切相关，是绝大多数人的人生主题词。通过合法、合乎道德规范的手段去赚钱，是一件积极的，有利于经济发展、社会进步的大好事。

　　在这里必须指出两点：**第一，不是每个人都需要努力赚钱。第二，赚钱不是生活的全部，甚至不是排在生活首位的任务。**在每个人心目中，赚钱的地位是不一样的。赚钱是谋生的手段，而不是目的。只是对于大多数人而言，赚钱是生活中不可或缺的一部分。

赚钱的方式有很多，从个人身份角度基本可以分为三类：上班族赚取工薪，企业主赚取利润，投资者赚取收益。每一类又可以分为多个小类，类别之间又可以有很多交集。上班族希望升职加薪，企业主希望多赚利润，投资者希望能够在控制风险的情况下赚取更多收益。

不同的赚钱方式，风险和收益是不一样的。上班族的风险最小，收入最稳定，但收入并不高，一般人只能达到市场上的平均水平。企业主需要发现商机，用自己生产或销售的产品和服务去满足市场需求，从而赚取差价，因此收益可能很大，但是风险也是巨大的。投资者需要向市场投入资金，面对巨大风险，但也可能赚取较高的收益。

即使都是上班族，都是企业主，都是投资者，人们在赚钱能力上的差距也是非常大的。

单就上班族来看，2023年，全国城镇非私营单位和私营单位就业人员年平均工资分别为120698元和68340元[①]。但目前一些企业高管之间赚钱能力的差距是非常大的，例如联想集团董

---

① 国家统计局：《2023年城镇单位就业人员年平均工资情况》，https://www.stats.gov.cn/sj/zxfb/202405/t20240520_1950434.html，访问日期：2024年10月24日。

事会主席杨元庆的收入超过1亿元，曾经的打工皇帝唐骏的收入超过10亿元。企业主之间、投资者之间赚钱能力的差距就更大了。

有一句话看似调侃，却道出了一定的道理：人和人的差距，有时候比人和动物的差距还要大。如果把这句话用于人和人之间赚钱能力的比较，似乎也是对的。

人和人之间赚钱能力的差距为什么这么大？我们可以列举出很多原因。

（1）中了"出生彩票"。出身差距太大。

（2）所在地区有差异。偏远山区收入总体要比沿海发达地区收入低。

（3）行业差距。在2023年全国城镇非私营单位中，信息传输、软件和信息技术服务业就业人员年平均工资高达20多万元，金融业就业人员年平均工资也接近20万元。

（4）岗位差距。一些企业高管年收入上千万元，但普通员工年收入只有10多万元。

（5）能力差距。有些员工凭借突出的能力，薪酬可能超出平均水平10倍甚至20倍。

上述原因中，有的是客观原因，生来就有，难以改变；有的是主观原因，就是一个人的脑子，即认知，在发挥根本性作用。认知决定自己所选择的从业地区、行业，也在根本上影响着个人从业中的能力、贡献和成果。

认知决定方向，引领行动。以上班族为例，一个人的认知决定了：高考后选择大学的所在地区、学校、专业；毕业后工作的地区、选择的行业、加入的企业以及具体的岗位；工作的理念、方法和核心竞争力；职场发展的理念和方法；岗位创造价值的方向和方法；等等。

再深入一步，我们看看认知如何决定专业的选择。认知决定了你能否发现个人真正的志趣，能否发现自己真正的潜力，能否把握未来长周期的专业、职业、行业发展趋势，能否看到自身在专业中锻炼核心竞争力的可能性，能否尽早形成以专业为依托的人生发展规划，能否尽早从专业中看见事业的价值与高度。

但是，我们会发现身边很多人在专业选择上是非常盲目的。他们的选择取决于以下几个方面的因素：

（1）选择当前在就业市场大受欢迎或者四年后就业方便、薪酬可观的专业。

（2）跟着好同学、好朋友选专业。

（3）按照父母要求选专业。

（4）按照亲戚朋友的建议选专业。

（5）听信自媒体平台上所谓专家的建议选专业。

……

这些都是认知缺位带来的盲目行动。

在很大程度上，专业的选择能决定人生的基本走向，也基本上奠定了财富的格局。如此重要的事，却被很多人视为儿戏。

很多人想"先上个大学再说"，"上了大学再换专业"或"毕业之后也不一定要从事这个专业的工作"，所以在选专业的时候不够严肃认真，从而导致进入大学之后缺乏学习兴趣，学习上敷衍了事，专业学不好，影响毕业甚至找工作，对自己的职业生涯发展造成极大的负面影响。

殊不知，对于大多数人而言，大学所学的专业能够陪伴人的一生，是终身伴侣，所以我们在做出选择的时候一定要高度重视，慎之又慎。

最近几年，张雪峰在网上爆红，为什么？最根本的一点在于他能为众多家长和考生提供关于专业选择的建议。虽然他的一些观点饱受争议，例如有人指出张雪峰的专业建议"仅仅以就业和赚钱为目的"。事实上，选择专业需要考虑就业和赚钱，但这不应该成为选择专业的决定性因素。不管怎样，张雪峰的观点让我们重新认识到专业选择的重要性。

因此，从认知的角度看，选大学专业不是一道选择题，而是一道主观应用题，对我们的审题能力、逻辑思考能力和判断能力都提出了很高的要求。可以说，专业的选择在很大程度上决定了个人命运。

综上，你的收入、财富都是认知的产物，而不是勤奋的补偿。勤奋是一种美德，但光有勤奋是不够的，**只有将正确的认知和勤奋结合起来，才能够"铁赚"。**

我们可以尝试理解以下观点：

（1）低层级的努力不会带来超额收益。因为低层级的努力没有稀缺性。

（2）财富创造的本质就是价值创造。财富由价值决定。

（3）创造价值需要我们具备深刻的认知。

（4）要穿透价值、认知价值、投资价值。要认识什么是优质资产，如优质企业的股权、版权、专利等。

（5）要有投资思维，投资优质资产。

（6）从事具有累进效应的工作。例如作家、医生、律师，这些工作随着阅历、经验和能力的增长，大概率会持续增值。

（7）锤炼自身持续为他人创造价值的能力。这是最好的投资。

（8）学会雇佣他人。

（9）要有杠杆精神。这里不是要你去高额借贷，而是掌握高效率创造财富的工具。

在市场经济中，财富的分配遵循价值原则，你创造的价值决定你能收获的财富。你创造的价值，根本取决于你的认知。没有正确而深刻的认知，要创造财富是极为困难的。

有人说："我能够凭运气赚到很多钱。"要注意，如果没有足够深刻的认知，这些钱也会凭实力赔回去。

我们能赚到认知之外的钱吗？

答案是：不能。

凭运气赚来的钱，真的会凭实力亏回去吗？

答案是：会的。

财富是对认知的奖赏，而不是对勤劳的补偿，这句话对吗？

答案是：对的。

这三句不同的话语，说的是同一件事：**认知在财富创造过程中，发挥着决定性作用。**

老王曾经在创造财富的道路上，登上过人生的巅峰。

2014年下半年，老王听信了一条关于"K股票要爆发"的小道消息，用全部积蓄28万元买入50手K股票，买入价格为56元。进入2015年之后，互联网金融概念叠加导致A股大盘疯涨，K股票价格果然扶摇直上，在当年5月8日收报400.62元，成为A股历史上第一只"400元股"，更是在5月13日创出474元的最高价。这一天，也是老王的人生巅峰时刻。

2015年6月12日，上证指数涨到年内最高点5178.19点。在"万点不是梦"言论的鼓吹下，老王畅想着自己的股票还会多赚100倍、1000倍。然而，股市过快上涨、杠杆资金疯狂增长引起监管部门警觉，场外配资被迅速清理，股市由此巨幅震荡、惨烈下跌，多次千股跌停，甚至半数股票停牌，很多投资者一生的积蓄化为乌有，老王自然也不能幸免。受到重创之后，他熬了两个月，无力回天，终于绝望，在2015年9月初以34元的价格，将K股票悉数割肉卖出。

曾经登上过人生巅峰的老王，在股市的惊涛骇浪中，完成了一次从大赚到大亏的刺激旅程。

这个故事暴露的是认知的问题。

（1）老王缺乏对投资标的的认知。他听信小道消息，热衷概念炒作，未能认识到K公司的业绩不能完全支撑其股价，股价暴涨全靠忽悠。

（2）老王缺乏对市场的认知。他缺乏对市场价格波动特点和情绪属性的认知，做不到"别人疯狂时我恐惧，别人绝望时我贪婪"。

（3）老王缺乏对自身的认知。他对自己的投资知识、能力、方法、原则、意志没有概念，没有自知之明，不知己之无知。

这就是，**人永远赚不到认知之外的钱。**

它的原理是：认知之外的钱，我们发现不了；即使发现，我们也没有足够的认知指导赚钱行动；即使凭一时运气赚到了钱，我们也会因为认知的缺乏，不懂得如何去守住这个钱，终究会在一次次无知的行动中让其消失殆尽。

有读者会说，老王也许只是一个特例，老王的遭遇只是一种极端情况,不能代表大部分投资者。

答案是:恰恰相反。

数据证明,中国股民炒股获利的情况是"七亏二平一赚"。亏损的原因主要是缺乏对市场、对投资标的和对自己的认知,看起来是投资,实则为投机。

在尚不了解上市公司的行业属性、主营业务、行业地位、核心竞争力、资产负债率、净资产收益率、市盈率、净利润增长率这些基本信息,以及不懂估值、不会判断风险收益的情况下买股票,就完全不是股票投资,而是"拆盲盒"。

事实上,很多人在投资、配置资产,乃至在整个人生中,是存在认知黑洞的。黑洞是宇宙空间中的一种致密天体,引力极强,时空曲率大到连光都无法从其事件视界逃脱。

认知黑洞,就是认知无法抵达之处。每个人都存在认知黑洞,这个黑洞会对我们的行动产生重大影响。越靠近这个黑洞,我们对于自身行动的控制力就越弱,直到这个黑洞将我们吞噬、撕裂和摧毁。

认知黑洞,就是无知。

我们与无知是如此接近,以至于我们的人生和财富,已经不是由已知的事物决定的,而是由我们的无知决定的。如果我们对自身风险承受和控制能力认知不到位,大概率会在投资中遭遇老王那样的悲剧。

进一步说,黑洞代表着我们终将意识不到的事物。例如,我们很可能意识不到"自己不知道"。有些人可能会说,某一只股票,该了解的他已了解,完全可以买入。但是,什么是"该了解的"呢?"该了解的"只是他自己的定义,是他自己基于有限的认知的臆断而已,也许还有很多他该了解却没有了解的东西呢!这多可怕啊!

从这个角度上看,我们的认知空间是一个圆,它的大小是极为有限的。在这个圆之外,全是认知黑洞。

以房地产投资为例,五个老王分别要投资房产。

(1)王一:房产不错,地段蛮好,配套设施、资源也很不错,可以投。

(2)王二:区域经济发展有预期,城市发展规划有支撑,房地产政策有支持,可以投。

(3)王三:产业发展和人口流入能够支撑房价,可以投。

(4)王四:从国家和全球经济发展的周期来看,资产价格会持续上涨,可以投。

> （5）王五：从整个投资周期看，需求会持续超过供给，目前估值严重偏低，可以投。

可见，王一的认知是非常有限的，局限在眼前。王二考虑了政策，认知深化。王三考虑了产业和人口要素，认知进一步深化。王四考虑了宏观周期，视野持续扩大。王五回归投资本身，从供需和估值考虑，触达投资的本质。

从王一到王五，认知是不断深化的，但每个老王对于更高级的老王，是存在认知空白和缺失的，是存在"万万没想到"的。

"万万没想到"为什么很可怕？因为这是认知的黑洞，是致命的深渊。

例如，如果我们缺乏对投资本质的认知，可能会：

> （1）依据小道消息或凭感觉买入股票。
> （2）依据K线图买卖股票。
> （3）盲目跟风。
> （4）追涨杀跌，频繁交易。
> （5）情绪化交易。

> （6）股票买入三五天不涨就不耐烦地弃如敝屣，并产生自我怀疑。
> （7）缺乏保本意识。
> （8）永远满仓。
> （9）把运气当作实力。

很多普通投资者的身上至少出现过上述一种或几种情形，而每一种情形都可能是致命的，原因在于他对投资的认知是缺位的。

更可怕之处在于，很多投资者拒绝承认和接受认知之外的事物。这时候跟他谈论这些事物，无异于夏虫语冰、对牛弹琴。他已完全被自己的认知范围锁死了。

相对地，财富会奖励那些具备高认知的人士，而不是补偿那些缺少认知的勤奋者。低认知的勤奋者就像在透明玻璃上苦苦挣扎的黄蜂，可能永远抵达不了广袤的苍穹。

查理·芒格说："我非常幸运，很小的时候就明白了一个道理：要得到你想要的某样东西，最可靠的办法是让自己配得上它。"

配得上它,既要有认知,又要有能力,还要有行动,而认知是第一位的,也是最关键的。

如果想要让自己的人生变得更加丰盈,那就努力提升自己的认知水平吧。

如何快速有效地提升认知水平

- ☑ 读万卷书
- ☑ 访千万人
- ☑ 行万里路

既然财富是对认知的奖赏,那么我们要如何提升认知水平呢?这是一个值得每个人思考的问题。我认为,主要有以下几种方法。

➡ 读万卷书,全方位阅读

图书是人类认知的集中体现,是人类智慧的精华。通过阅读,我们可以在短时间内提升认知。当在图书馆或书店看到琳琅满目的图书时,我们也许会觉得这些书和自己没有什么关系。但是从时间维度看,这些图书是人类历史上的知识和智慧的沉淀,是人类世世代代传承和积累的最宝贵财富。从空间维度看，这些图书是全世界范围内跨越地理间隔的全人类知识和文化的集中展现。

可以说，图书就是人类认知的精华。 可能有读者说，这只是一碗心灵鸡汤，我小时候就喝过，没什么了不起的，也没有什么用。"没有什么用"这几个字，往往是我们提升认知最大的拦路虎。什么是"有用"？教我怎么赚钱，有用；教孩子提高学习成绩，有用；教我怎么处理好职场人际关系，有用；教我疏解心理问题，有用。在很多人看来，只有能实实在在地解决问题，才是有用。"能解决问题就是有用"，这个说法是对的。但"有用=能解决问题"这个等式，是有问题的。

没错，解决问题是我们每个人都需要面对的事情，但是读书的意义将远远超过解决现实的、直接的问题的意义。在这些问题之外，还有很多价值：增长知识、开阔视野、提升认知、愉悦身心、陶冶性情等，每一项都意义重大。

阅读是如何提升认知的呢？**如果把一个人的认知看作一个圆，那么阅读可以成为一条不断延长的半径，把这个圆不断扩展。** 它的机制是这样的：纸面的、虚拟的、不受时空限制的、无限的信息，通过刺激大脑，充实大脑并存储内容，拓宽认知的边界。

在这里，阅读就是认识的拓展和深化。

一是认识更大的世界。通过阅读，我们可以认识到自己的不足，认识到在自己和自己的头脑之外还有更大的世界，即"天外有天，人外有人"。这种认识能够让我们对万事万物多一份敬畏，让我们不至于狂妄自大、鲁莽行事，能够让我们变得谦虚，从而促进我们的学习与进步。

二是洞悉世界的本质。阅读可以帮我们看到真实的世界，包括物质世界和精神世界，可以帮我们了解万事万物的本质、底层逻辑和运行规律，学会利用事物运行和发展的规律。"太阳底下没有新鲜事"，说的是事物的本质是不会变的，没有会变化的本质，只有未被发现的本质。读书能够帮我们发现这些本质，而认识本质能够让我们远离肤浅，帮助我们取得更大进步。

三是学习他人之长。阅读可以让我们更好地了解他人思考问题的方式。对于某个事物，不同的人有不同的思考方式。通过阅读，我们可以了解他人对于万事万物的理念、视角、思路、方法，这有助于提升我们的学习能力、思考能力和行动能力。

综上所述，阅读是最重要、最简单、成本最低的提升认知的方法和渠道。但是，读书也需要讲究方法。我认为，读书要做到广、深、用。

广,就是广泛阅读。对于专业技术、文学、历史、哲学、科学、商业、管理、数理等学科,我们都应该有所涉猎,以达到开阔视野的目的。读书范围越宽广,人就会越谦卑,越有敬畏之心。同时,涉猎多种学科,有助于我们掌握多种思维方式和角度。当然,对于涉及多种学科的阅读,我们不一定需要做到十分深入,不需要成为老师和专家,对专业之外的东西有一定程度的了解就足够了。

深,就是对于重点阅读的内容,应该做到深入钻研,掌握其主要观点、本质、思维方式。这将有助于我们认识世界的本来面目,掌握世界运行的深层逻辑。同时,我们要学会思考,总结提炼,形成独立观点。此外,我们要倾听他人的观点,接受他人启发,不断丰富自我认知,并提升自身水平。

用,就是要把学到的东西用起来。这里的用,不仅仅是把阅读所得直接用来解决实际问题,还应该用于看待世界、思考问题。阅读的"无用之用",就是在潜移默化中让你的认知水平得到无形的提升,让你的眼光比他人更加宽广,更容易看到事物的本质,更容易理解周遭事物,更容易找到解决问题的思路。

● 访千万人，请教高人

熵增定律告诉我们，在一个孤立系统中，熵趋向于增加。一个人就是一个小宇宙，如果这个小宇宙不与其他宇宙接触，那么这个宇宙就是孤立且封闭的，会慢慢陷于混乱直至衰亡。但是，如果这个小宇宙能够跟外界进行物质和能量的交换，就能减缓熵增甚至实现熵减，这个小宇宙会变得更加有序、更加有活力。这就是一个人必须跟外界保持足够的交流，从而汲取更多能量的原因。

要提升认知，必须与外部世界发生关联，必须和不同的人交流，并且从他人身上得到更多信息、更多启发。

其中的原理在于以下三点：

第一，信息交互，扩大视野。 小宇宙之外还有更多的小宇宙乃至大宇宙，每个宇宙都是不同的，宇宙之间的信息交流对于提升内部活力至关重要。"睁眼看世界"、认识到"天外有天"对于扩充信息量、开阔视野、形成开放型思维、建立学习型思维具有决定性的意义。如果没有新的有价值的信息的输入，扩展视野无从谈起，而没有视野的扩展就难以取得进步。

所以，我们每个人，特别是年轻人，都应该多与人交流，多向他人请教。"三人行，必有我师""师者，所以传道受业解惑也"，多和优秀人士交往、交流、请教是一种成本很低的学习方式，对于提升认知大有裨益。

第二，观点交换，拓展思维。在现实世界，很多人自我封闭、自以为是、固执己见，这实际上阻断了自我成长和进步的道路。访千万人，请教高人，可以帮助自己在扩充信息量的基础上，受到他人观点的启发，有助于我们找到看待问题、思考问题、解决问题的新思路。

第三，促进合作，提升认知。访千万人有一个重要的可能性就是促进合作的发生。合作的发生则意味着新的信息在扩充、新的认知边界在拓展，这将在很大程度上助力自我进步。

➡ 行万里路，看遍世界

行万里路，就是走出家门，走到不同的地方去，看不同的风景，接触不同的世界，持续丰富和更新头脑中的世界。

认知来源于对新事物的接触、理解、判断、接受。如果我们的生活仅仅局限于特定的、有限的空间，或者说，除了工作地点和家里，一个人从来不出远门，不离开家乡，不拓展活动空间，那么他的视野将是很受限的。

对于年轻人而言，"去他乡"的意义在于：

> （1）进入新的真实情境，"异域他乡"可为认知的提升提供新奇、真切的空间，有助于一个人获得更多的新信息。
>
> （2）在"异域他乡"的亲身感受中，五官会得到新的感知，这是任何书本不能比拟和替代的。
>
> （3）新的情境对于思维方式的更新、拓展和认知的提升，具有不可替代的作用。

因此，要提升认知，我们要尽可能地拓展活动的空间，特别是要去未至之处，见识更多不同的经济、社会、文化情境，让新事物、新世界冲击旧观念、旧认知，碰撞出一个全新的观念世界。

具体而言，如果我们对某一个领域有兴趣，或者决定在某个领域进行探索，那么我们就一定要走出家门，走出日常生活固有的小天地，到更加广阔的天地去，到这个领域的前沿领地去，认识、感受这个领域最新的、最有价值和前景的信息，推动自身思维方式的提高、思想理念的更新、判断能力的提升，从而提高自身的认知能力和认知水平。

第三节

提升知行力的方法

- ☑ 自我觉知
- ☑ 目标倒推
- ☑ 量化行动
- ☑ 游戏精神
- ☑ 增强心力

为什么我们懂得了许多道理，却依然过不好这一生？

这是很多人都可能要问自己的问题。

答案是：**知易行难。**

"知"是知道、认知，是对事物本质的认识、理解、接纳与内化。

"行"是行动，是将所知转化为具体的操作、举动，达成目标。

例如，认识到体育锻炼有助于健康，我们就去健身房锻炼身体。但是，"知"并不等于"行"，也不一定导致"行"，知道锻炼有用却没有去或者没有坚持去锻炼的大有人在。很多人办了健身卡、游泳卡，直到过期也没去过几次，或者直到健身房、游泳馆老板跑路才想起自己还办过他家的卡。

我们常说知行合一，知之者不如行之者，题中应有之义就是知易行难。我们也经常说认知力、行动力，但我认为，对于达成目标而言，知行力才是最重要的。有认知而无有效行动，有行动而无正确认知，都会一事无成。有穿透事物本质的正确而深刻的认知，并以此指引、牵动有效而可持续的行动，方有实现目标之可能。

什么是知行力？**知行力，就是通过强化正确认知，进而指引、牵动有效而可持续的行动，最终达成目标的能力。**

知行力如何发挥作用？人体的指挥系统主要由大脑构成，担负思考及指挥身体的机能。大脑利用神经系统将指令直接传达到人体的各个部位，让人体做出反应，形成身体的运动和人的行动。知行力发挥作用的过程，就是从认知到行动的反应、执行、达成目标的过程。环顾古今中外，那些取得过伟大成就的杰出人士，往往都拥有强大的知行力。

知行力如此重要，我们如何提升它呢？

可以从自我觉知、目标倒推、量化行动、游戏精神、增强心力五个方面着手。

➡ 自我觉知：知难而进

觉知，觉是感觉，知是知道。觉知就是感觉它、知道它、进入它、不离开它，但又知晓自己身处其中，保持自我察觉和清醒。这种不即不离的意识清明状态，就是觉知。

在推进目标实现的过程中，我们首先要明白"知易行难"的道理，认识到自己身处其中，愿意感受和直面其中的困难，不会在困难中胆怯、畏缩、彷徨和沉沦，不会被困难摧毁。这有点接近于我们经常说的"越到艰难时，越要保持清醒的头脑"。

以健身为例，我们知晓健身的好处，也能感受到坚持健身的困难，愿意去体验坚持健身的痛苦，敢于直面和克服这些困难。

在投资中，我们见识过很多价值投资大师，我们也相信价值投资。但现实是，很多人信誓旦旦地表示自己要做一个坚定的价值投资者，但在投资中却经不起一点儿诱惑，喜欢跟着热门风口、小道消息、政策变化来炒股，追涨杀跌，热衷投机。投资标的一有风吹草动，就开始动摇自己的投资理念，把此前所有的信仰、理念、知识框架通通推翻，跑得比兔子还快，甚至成为一个人格分裂者——用价值投资的理念和方法买入股票，用投机炒作的手段卖出股票。这就是没能跨越知与行的鸿沟、知与行严重割裂的典型案例，也是不能真正做到觉知的典型表现。

对于投资者而言，建立并坚持适合自己的投资理论和行动体系至关重要。投资者在自我觉知中，要认识到坚守这个体系的困难，不应因为一时的价格波动就轻易动摇体系和信仰，从而将此前所有的行动都付诸东流。

觉知的作用是能够对困难有充分的认知，在困难未出现时，就做好应对困难的准备；当困难出现的时候，有足够的勇气和力量去战胜困难。

罗曼·罗兰说："世界上只有一种真正的英雄主义，那就是认清生活的真相后，依然热爱生活。"这句话也可以用来描述自我觉知的内涵。保持人间清醒，明知山有虎，偏向虎山行，敢于直面困难、痛苦、彷徨、失望、绝望，且有足够的勇气和毅力去战胜这些敌人。如此，我们将可迈出由知而行的关键一步。

● 目标倒推：逢山开道

由知而行，应建立和明确目标，并以目标倒推分解任务，

挖掘和聚集资源,对实现目标全力以赴。

例如,我们每个人都希望自己的收入能持续上涨,一年挣得比一年多。但这不是一个真正的目标,只能算是一个愿望。因为目标是一个明确的概念,比如我们要达到的具体标准。

我们应该怎么做呢?**把愿望目标化、具体化。**我们要遵循实事求是的原则,深入研究和评估当前的能力、资源、条件、环境,确定一个合适的目标。这个目标应该是我们通过努力能够实现的,也就是"跳一跳"能够达成的。例如,我们当前的年收入是20万元,目标是在未来3年内,年收入达到30万元。

然后,用目标去倒推任务和行动。例如,为了年收入在3年内增加10万元,我们要分析实现目标的路径,通过学习提升、发挥潜能、整合资源、集中力量,全方位、全渠道、全路径地推进这个目标的实现。

例如,我们可以追求升职加薪,在职场上持续精进,力争在3年内实现涨薪50%。我们可以在业余时间通过理财投资、开展副业等方式增加收入。当然我们也可以通过创办公司、经营企业的方式增加收入。我们可以选择其一,也可以通过多种组合来实现目标。

目标的确定要建立在可行的任务分解的基础上,目标的执行也必须建立在倒推行动之上。**为达目标,要全力执行任务,**

执行好每一项倒推行动。

在SpaceX创办之前,美国国家航空航天局通过运载火箭发射卫星或宇宙飞船,单次发射成本高达16亿美元,因为运载火箭只能一次性使用。针对这一难题,2011年,埃隆·马斯克向世界宣告了"造出可重复利用的猎鹰重型火箭"的疯狂想法。他围绕这一目标,经历多年艰苦研发与巨资投入,在战胜了一次又一次推迟发射、试飞失败以及现金流断裂等困难后,终于在2018年2月成功试飞了可重复利用的猎鹰重型火箭,让火箭的单次发射成本从16亿美元降到了9000万美元(不到传统一次性运载火箭成本的6%),创造了人类航天领域的奇迹。

当时,马斯克看到发动机成本极高,质问员工:"为什么你的发动机要花那么多钱?"工程师回答道:"火箭零部件的制造受到军方和美国国家航空航天局规定的数百种规格与要求的制约。"马斯克又问:"这些规格和要求是由谁来定的?为何会这么要求?"

在马斯克看来,所有人为的要求都有可能被探讨和优化,唯一不可变更的只有那些物理学定律约束下的条件。这既是马斯克推崇的第一性原理——从事物的本质出发,不被过往的经验所束缚,避免和周边的同类事物过度类比,抓住事物的本质,也是目标倒推的实现路径——明确目标后,探寻本质,从最底层的逻辑出发来推进目标的实现。

这就是目标倒推的含义——为达目标，一往无前、逢山开道、遇水搭桥、不惜代价。**让难以实现的目标变得有依据、有抓手、有行动，是实现由知而行的重要方法论。**

▶ 量化行动：积微成著

我们可能经常有这样一种感受：定了很好的目标，但由于不够上心、遇到小挫折、打击小信心、有点小情绪、选择去干所谓更重要的事，并以这些为借口，而将这个目标无限期搁置，甚至放弃，导致其最终无法实现。

一个写作爱好者，希望每周写出1篇文章。这并不是非常困难的难以企及的目标，通过空闲时间加加班，少刷朋友圈或短视频，少参加一些无效的聚会，是可以达成这个目标的。但对于很多人来说，实现这个目标可能非常艰难。

一方面，从人类进化的角度看，远古时期，我们的祖先生存能力低下，在应对自然灾害、猛兽侵袭、饥饿威胁等巨大风险的过程中，倾向于减少体能的消耗，这种倾向通过优胜劣汰的方式嵌入人类基因中，以至于今天的我们虽然不必面对祖先们曾经面临的那种险境，但也保留了这种求生本能，由此导致了一个我们不愿意面对的现实——出自本能地追求安逸，并带来惰性，导致我们会为了"养精蓄锐"而得过且过，让我们定下的目标难以实现。

另一方面，我们在面对一个并不难实现的目标时，也可能会产生畏难情绪。"每周要完成一篇文章，天哪，我怎么写得完？要完成这个任务，我需要放弃多少其他重要的、有趣的事情啊？而且，每周都要完成这个任务，会不会对我正常的生活造成很大的负面影响啊？"在畏惧、疑虑等消极负面情绪的影响下，我们很有可能坚持不下来，最终导致目标流产。

对此，我们提出由知而行的一个有效方法——量化行动。

什么是量化行动？就是将目标分解为更小的目标单元。很多人可能会认为"每周写一篇文章"这一目标里的时间和文章的概念都较为宏大、宽泛，难以把握和执行。那么我们能否将这个时间概念分解为七天？把"一天"作为最基本的生活时间单元，其中的作息安排相对有规律，如我们每天都要洗漱、用餐、就寝。在一天时间里，我们对于很多事项的掌控力更强。同时，如果我们能够把这一篇文章量化为大约2000字的任务，再分解为七个300字左右的小任务，我们对任务的掌控力无疑会大幅度提升，因为一个小任务也许只需要花费10分钟就能够完成，比一次用餐耗费的时间还少。

因此，量化行动、分解任务，细化任务颗粒度，用分解后的小任务乘以更大的、有规律的行动次数，同样能够达成目标，难度往往要比直接完成任务小很多。

水滴石穿、积水成渊、聚沙成塔、积微成著、积铢累寸、日就月将……这些成语都在阐述一个简单、朴素但又十分深刻的道理——**量化行动，降低难度，提高可实现度，坚持不懈，以此破解由知而行的难题，成果将是惊人的。**

▶ 游戏精神：激发潜能

什么是游戏精神？

游戏精神就是在游戏、竞赛、自我挑战等活动中体现出来的，尊重规则、全力以赴、享受过程、复盘结果、激发潜能、创新驱动、勇于突破等精神品质。

在由知而行的过程中，**为什么游戏精神特别重要？因为人类天生喜欢游戏，希望能够在游戏中获得体验、趣味、动力和意义，并在游戏中达成目标。**

跨越由知而行的大峡谷，往往需要克服巨大的困难，需要面对心理压力大、意志力不足、动力衰减、过程乏味等挑战，这些挑战都可能导致行动中止和目标流产。

一个应对手段，就是游戏精神。

例如，我们要记1000个英语单词，这是一项大工程。我们是否可以借助一些具有奖励机制的记单词软件，例如百词斩、沪江开心词场等，来提高学习的趣味性？或者，我们能否约几个同学、朋友一起记单词打卡，搞记词竞赛？或者，我们能否为自己建立一个激励机制，比如每记住200个单词，就给自己一个奖励，如吃一个冰淇淋、看一集电视剧或者去电影院看一场最新上映的电影？我们能否自己创新一些记单词的方法，让自己的记忆速度越来越快、效果越来越好？

如此，可大幅提升行动的趣味性、创造性和可持续性，激发潜能，提升知行力，助力实现由知而行的跨越。这就是游戏精神的独特魅力。

▶ 增强心力：精神资源

心力，就是心的力量、精神的能量、意志的力量。我们的情绪、认知、思考、注意力等精神资源，都属于心力的范畴。这些精神能量并非取之不竭的，它们的消耗不可避免，消耗之后就需要得到补充。

心力包括什么？愿力、定力、意志力、专注力，这些都是心力。强大的知行力离不开心力,行而不易,需要强大心力的支撑。

20世纪80年代,日本整个通信领域被电报电话公司垄断,国内通信费用高得离谱。稻盛和夫萌生了进军通信行业的想法,但他在行动前对自己进行了深刻的灵魂拷问。每晚临睡前,他都自问自答:"你参与通信事业,真的是为了国民的利益吗?没有夹杂为公司、为个人谋利的私心吗?是不是想出风头、想要引人注目呢?你的动机真的没有一丝杂念吗?"经过整整半年的拷问,在确信自己没有一丝一毫的私心杂念后,稻盛和夫创立了第二电信(原名DDI,现名KDDI,在日本为第二大通信公司),并使之成为世界500强企业。这就是心力的力量。

马云创立阿里巴巴时,发了一个大愿——让天下没有难做的生意,但这本身就是一个非常难做的生意。面对全球化失败、收购雅虎中国失败等一系列挫折,马云咬紧牙关,强力推进公司改革、创新和扩张,历尽艰险,久久为功,使阿里巴巴获得了今天的成功。这也是心力的力量。

马化腾不经常主动发朋友圈,但经常给人点赞评论。一个创业者发了自己的小程序二维码,马化腾回复了自己的使用体验,还提出了几个bugs(程序错误);一个上市公司的CEO(首席执行官)发朋友圈说自己晚上12点开完会之后跑步回家，马化腾评论问："你是换了衣服再背着背包跑吗？"一个投资人发了一张孩子在船上钓海鱼的照片，马化腾留言："孩子太轻，小心安全。"马化腾的精力极其旺盛，无论大事小事，都能游刃有余、应对自如。正是他的强大能量，造就了今天的腾讯。这也是一种心力。

当面对困难，面对行动受阻，面对消极情绪时，最强大的力量来自我们的心力和我们拥有的精神资源。精神强大者，一鼓作气、所向披靡；意志薄弱者，则偃旗息鼓、半途而废。

那么，我们如何获得和增强心力呢？

第一，坚定目标。用一个长期的目标激励自己。同时，要让这个目标随时能够被看见，就像我们贴在墙上的"距离高考还有××天"的标语，可见、可感、可分解、可企及，而且形影不离，让它在任何时刻都能被用来支撑我们的行动。此外，负面意识（特别是负面潜意识）和消极情绪是我们最大的敌人，而坚定的目标则是战胜这些敌人的最强力量。

第二，延迟满足。延迟满足就是甘愿为更有价值的长远结果而放弃即时满足，在等待中展示自我控制能力的举动。几十万年前，我们的祖先由于自身能力有限，生存极其困难，为了生存，一有机会就通过大肆吃喝来保存能量和增强实力。自然选择通过生物进化和基因遗传，将这些及时利用机会和资源的基因保留了下来，即时满足也由此成了人类的本能。今天，我们的生存环境和条件不可同日而语，生理和精神上的强大自控力比即时满足更有利于生存和发展，因此我们必须学会延迟满足。懂得延迟满足者，将具备更强大的竞争力。

第三，屏蔽干扰。专注是成功之要，也是幸福之源。保持高度专注，对于节约精神资源、实施有效行动意义重大。我们在工作、学习、阅读、写作的时候，能否做到心无旁骛？能否做到远离手机、远离网络上的各种八卦新闻？我们在执行任务过程中，是否容易因无关的事项分心？形形色色的干扰项的破坏力是巨大的，极有可能让我们的行动拖延，任务中止甚至功亏一篑。所以，我们必须想方设法屏蔽无关的干扰。怎样做到呢？最重要的是远离干扰源，尝试用微小而持续的进步和趣味，让自己沉浸在当前事务中。

第四，补充资源。精神资源不是取之不尽、用之不竭的，而是像汽车一样需要加油，因而我们要保持行动，要保有心力，就需要持续补充精神资源。从物理层面，我们可以通过锻炼身体来磨炼意志，提高心力水平；从脑力层面，我们可以通过持续学习、拓展社交，从外部世界汲取精神资源；从心灵层面，我们可以通过冥想和自我反省来放松心情，促进内心平静，提升情绪管理能力，给自己快速补充精神能量。

- 创造财富，难于上青天吗
- 懂价值，就懂财富
- 让自己更值钱的方法

扫码踏上"铁赚"之路

第二章

价值

财富破局的关键要素

第一节

创造财富，
难于上青天吗

- ☑ 市场有效
- ☑ 个人有意愿
- ☑ 个人有能力

我们都在追求财富,但创造财富并不容易。

实际上,这句话并不完全准确。回顾人类创造财富的历史,几十万年前我们的祖先茹毛饮血,生存的方式就是狩猎、采集,这些方式往往非常危险,在这种情况下获取财富是很困难的。

随着农牧业的发展和生产力水平的提升,我们的祖先获取财富的能力得到了大幅提升。他们已经懂得将自然条件和自身种植养殖的能力紧密结合起来,大幅提升了创造财富的控制力和主动性。

随着工商业的兴起,我们创造财富的能力得到飞速提升。蒸汽机、石油、电力、计算机、互联网、人工智能这些先进生产力的出现，极大改变了人类世界的面貌，也大幅提升了人类创造财富的能力。

把人类作为一个整体来看，随着生产力水平的提升，我们创造财富的能力也得到了飞速提升。只要我们利用好生产力，我们就成了富人——相对于我们的祖先而言。

具体而言，我们创造财富的能力，更注重的不是时间向度的比较，因为我们当前的能力已经比10年前、20年前有了很大的提升，但是，<mark>我们依然赚钱难。这往往指的是"相对于其他人，我赚钱很难"</mark>。

的确，赚钱并不容易，比我们有钱的人多的是。我们紧紧盯着所谓的"富人"，但要成为富人很难。事实上，大多数人都在追求"富"，人类社会进步的原因之一往往在于人们对财富有更大的追求。但每个人都成为"富人"是不可能的。

如果把"成为富人"作为奋斗目标，我们必须认识到我们追求的是<mark>赚到比自己此前更多的钱</mark>。

但是，怎么赚到更多的钱呢？根据市场经济规律，市场交易遵循等价交换的原则，要获得收益，就要向市场提供同等的"价值"。

这里需要把握几个前提：

第一，市场是有效的，价格机制可有效发挥作用。只要价格信号清晰，等价交换原则得到遵守，付出就会得到应有的回报。

第二，我们有意愿去创造财富。"躺平"不在我们的讨论范围之内。要有可行的目标和有效的行动。

第三，我们有能力去创造财富。要以正确的理念、方法、手段、意志力去实现目标。

在这些前提下，我们能够明确创造财富的道路：努力为市场和社会创造价值，也就是为雇主、客户提供优质的产品和服务，并从中获得收入。

第二节

懂价值，
就懂财富

- ☑ 理解价值
- ☑ 发现价值
- ☑ 创造价值

财富的本质是满足他人需求的能力和效率,即"财富=满足需求的效能"。财富就是使用价值,是价值的载体。

因此,**我们创造财富,本质就是为他人创造价值。**

什么是价值呢?本质上就是效用。**我们创造财富,就是创造效用。**

我们生产大米和小麦,是为人们创造饮食效用;我们生产机床,是为工厂创造效用;我们创作文章、图书,拍摄短视频,开直播,是为粉丝创造效用;我们将资金投向有价值创造能力的股票、债券、房产等资产,是为社会创造效用。

我们为社会和市场创造了价值,就是为社会和市场创造了财富。因此,我们理应得到回报,这种回报也是财富。

在创造财富之前，我们要思考自己能为社会和他人创造什么价值。

作为上班族，我们是否能为自己服务的机构，创造出其所期待的甚至超出期待的优秀业绩？

作为农业从业者，我们是否能生产出市场需要且具有独特性的优质农产品？

作为老师，我们是否能掌握良好的教学理念、手段、方法，帮助学生们更好地学习知识、提升素养和能力？

作为投资者，我们是否能将资金投向社会需要、受市场欢迎、有增长潜力的企业，帮助市场发现价值、实现价值？

作为创业者，我们是否能生产优质的产品，提供优质的服务，为消费者创造更高的效用？

如果能做到上述内容，那么赚钱应该不是一件难事。

创造财富的三个步骤是理解价值、发现价值、创造价值。

怎样理解价值？如前所述，价值就是效用。社会需要什么，市场需要什么，消费者需要什么，所需要的就是价值。

中国A股的上市公司有5000多家，是不是每一家都值得投资呢？

实际上，上市公司中具备投资价值的公司占比很低。

也就是说，有投资价值的上市公司是极少数的。

面对如此众多的上市公司,我们如何进行投资?

我们要抓住"价值"这个牛鼻子,围绕"价值"进行投资。

在现实中,我们可能会这样买股票:

国家出台了一个新政策,比如房地产刺激政策,我们认为房价会涨、房地产企业的股价会涨,就火速买入相关股票。当然我们买入的可能是一些所谓的"龙头股",期待股票有所表现,却不知在很大程度上这只是一厢情愿,政策出来不久之后还可能迎来暴跌。

我们在朋友圈不经意看到某新能源汽车公司兼并重组的小道消息,就认为这一定会使得股价暴涨。但如果我们在第一时间买入相关公司的股票,就很可能会成为"韭菜"。

以上消息驱动的投资思维一定是大错特错的。原因在于:

(1)作为普通投资者,你知道的信息,一定已经被更多人提前知道。

(2)即使靠消息炒股的你所持有的股票价格侥幸上涨,背后一定有人随时能让它下跌。

这种投资的结果就是"七亏二平一赚",也就是大部分投资者都是亏钱的。

怎么办？只有用专业的知识、深入的研判，从几千只股票中找到最有价值的股票来投资。在这里，"价值"具有多层次的内涵：这个公司是正在或在未来能够创造价值的；这个公司在资本市场上交易的股权是具有投资价值的。

我们一定要围绕价值进行投资。有价值的股票只只相似：产品有核心竞争力，企业有"护城河"，财务状况良好，经营业绩（将）持续超出预期。没有价值的股票千奇百怪：高负债率、高质押率、低毛利，连续亏损，经常在戴帽和摘帽之间徘徊，喜欢搞概念，无研发、无硬核竞争力，主营业务分散，喜欢增发，等等。投资的时候，我们一定要远离这些无价值的投资标的。

创造财富，一定要围着价值转。很多人、很多企业靠过度包装，利用夸大、欺骗等手段，脱离价值创造这个根本原则来骗钱。这最多只能算是零和博弈，根本不能创造财富，反而很可能导致财富的毁灭。

做有价值的人，投资有价值的标的，做有价值的事，生产有价值的产品，提供有价值的服务，就是在创造财富，最终也一定会赚到钱。

第三节

让自己更值钱的
方法

- ☑ 认识你自己
- ☑ 兴趣驱动
- ☑ 全方位提升
- ☑ 为更多人服务
- ☑ 永远精进

我，值钱吗？

我相信很多人都思考过这个问题。这个问题值得每一个人深思，但每个人的回答也许都不一样。

下面，让我们尝试回答以下问题。

> （1）如果失业了，我能否马上找到新雇主？
> （2）我在新雇主那里，薪金是上涨了还是下降了，岗位是更重要了还是不如此前重要了？
> （3）如果没有新雇主需要我，我能否开启创业之旅，并大概率获得成功？
> （4）在创业中，我能否生产出社会需要的产

> 品,提供优质的服务,为社会创造价值,同时我还能赚到钱?
>
> (5)除了被家人需要,我是否有一种被社会需要的感觉?

回答完这些问题,我们大概能够了解自己"是否值钱"。

很多人说,一个人有钱,不如值钱。只要人值钱,他大概率会有钱,因为价值会变现。当然,一个人有钱之后,也可能让自己更加值钱,比如金钱能够让他获得更多学习和历练的机会,扩展视野,得到人脉等各种资源。

一个人最好的投资,就是投资自己,让自己更值钱。

什么是让自己更值钱呢?就是通过一系列有效的方法举措,让自身创造价值的能力进一步提升、素质进一步提高、眼界进一步开阔、资源进一步拓展,对于人生、事业和财富的掌控力进一步增强。

雷军是近30年来中国创业者之中的典范,也是让自己越来越值钱的杰出代表。曾经身无分文的他,自从在武汉大学图书馆读到《硅谷之火》这本书后,找到了人生的目标:创办一家伟大的企业。通过学习、工作、创业,他让自己创办伟大企业的能力进一步提升,让自己看透商业本质、把握时代潮流的能力进一步提升,让自己抓住时代风口的能力进一步提升。不管是他就职的企业、创办的企业、投资的企业,都能够受益于他自身价值的加持和驱动。虽然他创办的小米公司目前尚不能被称为一家"伟大"的企业,但雷军本人的价值在这个创业过程中发挥的作用是巨大的。而雷军也从一个穷学生,通过让自己越来越值钱,成了能够一次性向母校捐赠13亿元的优秀企业家。

董宇辉原来只是一个出身于普通农村家庭,毕业于普通大学的年轻人。在长期从事教师职业的过程中,他不断锤炼自己的心性、能力、素养、眼界和格局,学习、思考、表达、共情等能力都得到了全面提升,让自己越来越值钱。长风破浪会有时,在新东方转型、直播带货迅猛发展的历史时期,他抓住了机会,获得了突出的影响力,创造了可观的财富。

"让自己更值钱"应该成为每个年轻人的坚定信念。我们要如何做到这一点呢?

➡ 认识你自己

我是谁,我从哪里来,我要到哪里去,永远是值得我们不断追问的三大问题。例如,我是一个出身普通的人,要怎样度过自己的一生？是"认命躺平"，做一份普通的工作，娶妻生子，无病无灾过完几十年？还是要干一番轰轰烈烈的事业？或是像雷军那样"创办一家伟大的企业"？

在多元价值观共存的时代，人生的理想和目标没有对错和高下之分，但一个人应该拥有自己的使命。很多人找不到人生的方向，没有使命，随波逐流，虚度光阴，自身的潜能和价值是发挥不出来的。

因此，我建议**每个人都应该集中用几天时间，放松而冷静地思考一下自己的人生使命是什么，然后时刻警醒和提示自己：一生究竟要如何度过**。这是人生的首要问题，也是让自己更加值钱的首要问题。

▶ 兴趣驱动

明确人生的使命之后，就应该考虑具体要做什么。这是让自己更加值钱的关键问题。兴趣意味着潜能，意味着你未来创造价值和财富的关键着力点。

我问过很多人"是否有兴趣爱好"这个问题，其中不少人回答我说："我对什么都没有兴趣。"这让我很吃惊，这难道就是"生无可恋"吗？然后对方看我很吃惊，就对我说："我唯一感兴趣的是赚钱。"我这才缓过神来。很好，**赚钱也可以是一种兴趣，是驱动你创造更大价值的力量之源。**

兴趣永远是第一驱动力，学习、工作、创业、投资等如果没有兴趣驱动，我们也许可以取得一个优秀的成绩，但大概率做不到出类拔萃。但如果有兴趣驱动，就等于获得了巨大的精神资源的支持，我们会在工作的过程中充满热情，获得挑战困难、应对失败的巨大动力和能量。

当然，兴趣只是前提，明确自身兴趣之后还应该将其升华为事业、理想的追求，让兴趣从休闲、消遣、娱乐的方法升华为工作、事业的契机和动力。

例如，我对读书有兴趣，那么我能不能成立一个读书会，帮助更多的人爱上读书，从读书中收获智慧和进步。又如，我对写作有兴趣，那么我能不能成为一个作家，通过自己的作品影响更多人。再如，我对网络游戏有兴趣，那么我能不能成为一个游戏行业工作者，为市场策划、研发更多优秀的游戏。

兴趣升华为追求和动力并不是一件容易的事，毕竟兴趣是兴趣，工作是工作，也许兴趣变成工作之后就不再是兴趣了。但这种升华是有意义的。大量事实告诉我们：**兴趣是第一老师，是成功的重要驱动，也是让自己的潜能得到最大发挥的重要抓手。**

➡ 全方位提升

让自己更值钱，必须将自己打造成"学习型个人"。

我们要将自己设置为"开放"状态，从书本、工作、交际、创业等外部环境中持续学习，吸收先进、有用、有效的理念和方法。在全方位提升的过程中，我们要学习新的知识、方法、理念，养成良好的学习习惯。

全方位的提升可分为三个层级。

第一层级，是知识。这包括各类通识、专业知识。知识是死的信息，但我们很有必要学习、存储这些信息，并将其内化为自己的见识。

第二层级，是方法。方法对，则诸事易；方法错，则万般难。学习做事的方法，学习学习的方法。学习的方法是一个重大问题。曾经的"打工皇帝"唐骏，在美国开律所时，租了一个办公室。办公室里接待各种来进行法律咨询的客户，办公室后的小黑屋里的工作人员则迅速学习，源源不断地将新学的知识运用到办公室里的法律咨询活动中，真正做到快速学习、现学现卖。这就是学习方法的体现。

第三层级，是认知。能看到事物本质的人和不能看到本质的人有天壤之别。有些人看事物，只能看到表面现象；有些人则能够看到事物的底层逻辑。这是完全不同的两类人。

特别需要注意的是，**这些全方位的提升离不开行动。**知与行是一体两面：知为行提供行动的指南；行为知提供实践、验证、经验和拓展。因此，知行力是一个关键的概念，每个人都应该掌握这个概念，让知与行成为自己的左右护法，帮自己成为更值钱的人。

➡ 为更多人服务

设想，从大学毕业之后，我们在为谁服务？很可能是企业，也有可能是政府部门。我们为多少人服务？一个雇主。

当然，也可以理解为，我们的服务对象有很多人，因为政府部门和企业的服务对象很多。如果你能够通过你所供职的机构，以你突出的能力服务更多人，你的价值就体现出来了。然而你的直接雇主只有一个，这种服务是间接的。

如果你是一位创业者，能通过自己的工作直接服务于市场、服务于更多人，那么你就变得更加值钱了，你获得的报酬可能也更为可观。

⏩ 永远精进

让自己更值钱的一个原则是让自己永远走在学习与提升的道路上。保持永远学习的精神，形成并坚持开放的心态，与世界的发展保持同步。要提升自己的能力，特别是自己的知行力。人们说"我只是痴长了几岁"，这是一种谦虚的说法。但一个人如果永远保持精进的精神，他就不会"痴长"，而会随着年龄的增长，对世界本质看得更透，业务能力更加精湛，对资源的把控力更强，使自己持续进步。

熵增原理告诉我们：在自然过程中，一个孤立系统的总混乱度（即"熵"）不会减小。一个人同样如此，如果他不学习、不开放，不与外部世界进行交互，那么他就会在自己这个孤立系统中慢慢失控、崩溃和衰亡。

因此，要对抗或延缓熵增，我们需要做的就是**不让自己成为一个孤立系统，要和外部开展能量交换，通过学习、实践，保持进步。**唯有如此，我们才能让自己"越老越值钱"。

- "死磕"能力，让自身价值得到最大可能的发挥
- 刻意练习，成为想成为的人
- 做时间的朋友

扫码踏上"铁赚"之路

第三章

能力

你拿什么创造价值

第一节

"死磕"能力，让自身价值得到最大可能的发挥

- ☑ 专业能力
- ☑ 学习能力
- ☑ 连接能力

我拿什么来创造价值？我凭借什么赚钱？这些看起来简单的问题，关系着每个人的安身立命之本。答案就是：我要有能力。能力是什么？是胜任某项任务的条件。能力可以分为多个维度：

第一，专业能力。专业能力，即胜任某个特别领域工作的能力，如编程、会计、法律、建筑设计、绘画、足球、围棋等领域的能力，其获得需要一定门槛，需要学习、实践。

第二，学习能力。学习能力，是指获取新知识和新技能的能力。随着时代的发展、技术的进步，新学科、新专业、新技术、新业态层出不穷，这是新的机遇，也是新的挑战。我们要在新的世界里生存发展，需要强大的学习能力。

第三，连接能力。连接能力是指自身与世界沟通、交流与合作的能力。主要包括社会交往能力，关系着如何进行社会合作；个人品牌建设和传播能力，涉及个人影响力的打造。个体崛起的时代已经到来，如果想要打造个人品牌和影响力，就特别需要锻炼自身的连接能力。

从社会和技术的发展看，当前互联网、人工智能技术迅速发展，特别是近两年来，以ChatGPT为代表的人工智能技术横空出世，影响了整个世界，新一轮以人工智能技术为先导的技术革命即将开启。这些技术的出现让媒体技术快速发展，各种社交媒体方兴未艾，把全世界越来越多的人连接在了一起。

在这个时代，一个人就是一个媒体，这在人类交往史上是一个颠覆性的进步。连接产生价值，尤其是为每个个体提供了沟通世界、表达自我、展示自我、打造个人品牌的良好机遇。因此，**每个人都可以且有必要把自媒体用好，把自媒体传播能力作为一项必备技能并加以锻炼。**

从当前经济发展阶段看，经过过去数十年全球化突飞猛进的发展，经济发展低垂的果实已被采摘殆尽。在新科技革命尚未产生全球性影响的时期，经济发展增速显著下降，增量经济逐渐演变成存量经济，我们必须忍受这种增长缓慢甚至停滞的经济。

在下一轮科技革命到来之前，在生产端，生产力停滞不前，产能过剩。在消费端，我们还有更多机会从存量中找到新方法、新手段、新工具。近年来，全世界的电商平台巨头发展迅速，特别是中国社交媒体电商发展得如火如荼，粉丝经济方兴未艾，短视频带货、直播带货如日中天。这个机遇值得我们关注。对于我们中的很多人而言，很有必要提升新媒体传播能力和个人品牌建设能力。

从个人价值的实现看，每个人都具有潜能。只要把自身的潜能发挥好，就可能创造出可观的价值。

实际上，很多人终其一生都没有把自身的天赋和潜能发挥出来。造成这个问题的原因，首先在于急功近利。例如在上大学选专业、毕业后找工作等人生关键节点，以热门不热门、好不好找工作、收入高不高等为标准进行选择，而忽略了自身的天赋和潜能在一生事业中的重要作用，因此进入了一条方向与自身潜能并不匹配的人生轨道，这对于人生价值的实现是不利的。

互联网、人工智能、新媒体时代为个人潜能的发挥提供了绝佳条件和环境，每个人都可以借助这些技术手段和平台，把自身的能力、潜能、天赋充分发挥出来，成就出彩的人生。**因此，每个人都应该努力搭上当前媒体平台发展的快车，锻炼并**

提升自己发现天赋、发挥潜能、展示才华的能力，让自身的价值得到最大限度的发挥。

如何提升能力？

第一，学习。主要是指学习知识、解决问题。包括扩宽视野、拓展思维，掌握更多信息、知识、方法和理念，用新的、有用的知识武装头脑。

第二，实践。包括练习、实战。没有实践就不可能有能力。学以致用，在干中学，在学中干，把学习的成果应用到行动中。

第三，检验。用知识来指导行动，用行动来检验、强化学习成果，实现能力的螺旋式上升。能力的提升要靠反反复复的检验。

第二节

刻意练习，
成为想成为的人

- ☑ 发现兴趣
- ☑ 聚焦志业
- ☑ 坚持前进

能力从哪里来？

安德斯·艾利克森、罗伯特·普尔的《刻意练习》阐述了成为高手乃至杰出人物的底层逻辑和路线图，如有目的地进行练习，走出舒适区，培养潜能，对标杰出人物，找到导师，产生兴趣，变得认真，全力投入，开拓创新等。这对于我们提升能力、从优秀走向卓越，具有启发性意义。

世界上平凡的人是大多数，杰出的人物只有少数。《刻意练习》给出了成为杰出人物的路线图，但想要成为杰出人物，除了刻意练习外，还需要天赋、才华、外部环境、机遇和其他诸多偶然因素的加持。可以说，他人成为杰出人物之路具有启发性意义，但并不意味着任何坚持刻意练习的人都能成为杰出人物。

举个例子，选出10位普通人士，每位都配备1位诺贝尔文学奖得主作为导师，对其采用《刻意练习》所提供的理念、方法、手段、标准，进行文学创作训练，他们最后是否都能够成为杰出文学家？这是要打一个大大的问号的。

因此，《刻意练习》为大家提供了一条可能但不必然的道路，让每个普通人打破对所谓天资、天赋、天才的迷信，树立个人成长进步的信心，并且通过刻意练习，最大限度地提升能力，成为优秀和卓越的人。

因此，刻意练习是必要且重要的。

我们经常自谦地说，我就是个普通人。虽然每个人都是独一无二的，特别是在家庭里，每个人都不可替代。但从整个社会的角度看，大部分人都可以被归类为普通人。

为什么？因为成为杰出人物是很困难的。一个人成为像比尔·盖茨或埃隆·马斯克那样的杰出人物的概率是极小的。如果每个人都拥有他们的能力和机遇，他们也就不再杰出。因此，大多数人只能是普通人。

为什么大多数人都会沦为普通人？

答案是：不够专注。

试想，学生时代，从幼儿园开始，我们就要学很多学科，包括语文、数学、科学等。到了小学，学习科目就更明确了。到了中学，数学、物理、化学、语文、历史、地理、生物，这些都是高考的科目。大学有了细分的专业，但仍有很多必修课和选修课。

工作以后，我们不一定从事与自己所学专业相关的工作；即使从事与自己所学专业相关的工作，也不一定是自己真正感兴趣的；即使感兴趣，也不一定能长期保持专注，因为我们可能需要操心和参与很多与工作本身无关的事务。

组建家庭之后，我们就要经营婚姻和家庭，需要处理更多与专业无关的事务了。

一个人总有无数事情要处理，正是这些事情阻碍了大多数人的优秀和卓越之路，令他们成为杰出人物的可能性大大降低，以至于最后成为一个普通人。

人是高度社会化的高级动物，不融入社会不足以为人，是人就要处理各种复杂的社会关系。 即使在人际关系简单的学校里，多门学科的学习，多种知识的储备和融通，在很大程度上也是必要且重要的。

普通人不是一个贬义词，而是一个中性词，甚至有时候是一个褒义词。因为成为一个普通人也殊为不易，也值得褒奖。

曾经有一位心理学专家说，孩子的教育，首先要教育他成为一个普通人，然后再成为一个优秀的人。我深以为然。相对于很多优秀但身心不健康的人，普通人更容易在社会上生存，也更容易获得幸福。

但是，对于想要在普通人的基础上进一步成为优秀、卓越乃至杰出的人而言，他们需要足够专注。

这里的专注，有以下几个含义：

第一个是发现兴趣。兴趣是最好的老师。兴趣能够帮助我们发现理想和目标，指引我们前进的方向，克服前进道路上的困难。如果没有兴趣，要把一件事情做好就比较困难。所以，我们建议：要尽量发现、保护、享受和拓展自己的兴趣。如果能够把兴趣发展成自己的人生志业，那就善莫大焉。

这似乎不难，因为很多人都有自己的兴趣爱好。但需要强调的是，最高级别的兴趣是指能够发展成一项事业的爱好。很多人的兴趣只是休闲消遣，而不是"有志于此"，那只能算是比较普通的爱好。因此，如果要有所成就，就需要发展高级别的兴趣。我们将其称为"志趣"也许更准确。

兴趣能让人专注，这点是毋庸置疑的。对那些没有趣味的、没有吸引力的事项，我们要做到专注需要更强的意志力。而意志力是一种消耗品，并非源源不断的。我们在某件事或某个阶段上消耗了意志力，那么就要往意志力的账户里持续充值，而这并不是零成本的。

这里我们尝试提出一个概念，"吸引力盈余"。

"吸引力盈余"是指这样一个状态——当被某件事所吸引时，我们只需要投入很低（甚至是零）的边际成本，就能够让这件事得到良好运转。相对于那些没有吸引力的事项，这类事项能够以更低的成本达到更高的效率，创造更多的价值。这就是一种价值盈余，也就是"吸引力盈余"。

例如，A是一名律师，他对代理案件有浓厚兴趣。B是一名程序员，他特别热衷于计算机编程。在各自的工作中，A和B都能够获得吸引力盈余。但是如果让A去做自己没有兴趣的编程工作，让B去做自己毫无兴趣的官司代理，他们可能就会面临巨大的困难。

要获得这种吸引力盈余，就应该发现自己的兴趣。

> （1）可以对自己已有的兴趣爱好进行梳理，看看哪些兴趣是可以作为事业来发展的。
>
> （2）可以从自己所从事或即将从事的工作中找到乐趣，并将这些工作发展为自己的兴趣。

无论是用哪一种方式，只要能将自己的兴趣和自己的事业结合起来，那就成功了一大半。

第二个是聚焦志业。如果想成为一名数学家，我们能否从小（或从初中、高中阶段）开始，就集中精力来学习和研究代数、数论、几何、拓扑、概率这些数学分支呢？能否尽可能地减少不必要的社会活动而专注于此呢？

明确目标之后，如果能够把花费在非必要的社会活动上的时间压缩一半，并把这个时间用于学习，那么我们就可能提升50%的成功概率。事实上，如果这个目标的导向是强大的，那么我们节省一半时间用于"志趣"，这个目标是可能实现的。

聚焦意味着不受外界侵扰，沉迷于自己的志业之中。这时，我们需要真正的"志趣"的引领，才有可能达成目标。

这里有一个词叫作"饱和攻击"。

"饱和攻击"是在美苏争霸时期，苏联研究使用反舰导弹打击美国海军航母战斗群时构想的一种战术——即利用水面舰艇、潜艇和作战飞机等携载反舰导弹，采用大密度、连续攻击的突防方式，在短时间内，同时从水面、水下和空中等不同方向、不同层次向同一个目标发射超出其抗打击能力的导弹，使美国航母编队的海上防空系统的反导弹抗打击能力处于无法应付的状态，以达到提高反舰导弹突防概率和摧毁目标的目的。

**总的来说，"饱和攻击"就是一种集合全部力量实现一个

目标的战术。如果我们专注于某事,"饱和攻击"的方式可以用较低的成本、较高的效率达成最终目标。这就是"聚焦"的力量。

有人可能会说,如果集中所有的力量去完成一个目标,可能会出现两个问题。

> (1)投入过多导致浪费过大。
> (2)押注单一目标导致风险过大。

其实不然。

投入过多是为了提高胜率。在很多情形下,被集中大量资源和力量去实现的目标,成功率更高;押注单一的目标同样如此。但这里的前提是,**这个目标应该是一个关键目标,它值得我们付出"饱和攻击"的代价。**

现实中,大多数人并不能做到聚焦。我们往往会有很多目标。例如我们需要平衡事业和家庭,需要兼顾工作和生活,需要既做好自己的事情又有一定社交活动等。更严重的是,当确立了多个目标后,我们往往会顾此失彼,导致诸事难成。

聚焦是一种理想状态,也是一种相对状态。我们需要尽量摒弃多重目标导向,将时间和精力集中在一件事情上,这样可以大幅提升达成目标的概率。

第三个是坚持前进。王安石在《伤仲永》一文最后说:"仲永之通悟,受之天也。其受之天也,贤于材人远矣。卒之为众人,则其受于人者不至也。彼其受之天也,如此其贤也,不受之人,且为众人;今夫不受之天,固众人,又不受之人,得为众人而已耶?"

意思是:方仲永的通达聪慧是先天赋予的。他的天赋比一般有才能的人要高得多。但他最终成为一个普通人,是因为后天所受的教育没有达到要求。他的天资那么好,却没有受到良好的后天教育,尚且成为普通人;那么,现在那些不是天生聪明的人,本来就是普通人,如果又不接受后天教育,难道成为普通人就算了吗?

仲永尚如此,况乎常人哉?**只有坚持学习,坚持进行有目的的练习,才可能持续进步,至少能够保持不退步。**

《刻意练习》提到了1万小时定律,也提到了"有目的的练习"和"天真的练习"。

(1)"有目的的练习"是指在练习过程中有明确的目的,并朝着目标持续前进。

> （2）"天真的练习"只是对某件事、某项技能的反复练习，并没有想过这样做的目的是什么，容易在练习过程中迷失目标。

坚持的意义无须赘言，但有目标、有方法的坚持才是有意义的。

首先看有目标，就是要做到目标导向，坚持朝着目标前进。但这不意味着"一条道走到黑"，而是需要"多条道走到黑"，也就是不限方法、不择手段地达成目标。注意，这里的不限方法、不择手段是褒义词。

但是，我们经常看见在玻璃前有黄蜂试图飞向天空，虽然它有目标，但最终只有困死的悲剧。

因此，不仅要有目标，还要求目标是有意义的。例如，对于记英语单词，我们制定的目标不能只是记忆3000个单词，而应该是有更高要求的、具有本质意义的目标，例如能够自如地阅读英文文献。这样，我们记忆英语单词的目标才是有意义的。

再说有方法，就是要想方设法地持续精进，让每天的坚持都能有进步。这里要注意讲究积累和运用。

例如，我们记英语单词，如果对单词缺乏相应的复习、积累和运用，这个坚持也是没有价值的。

志趣、聚焦、坚持。把握好这三个关键要素，我们才有可能提升能力和成功的概率。

第三节

做时间的朋友

- ☑ 正确认识时间
- ☑ 赚取时间的超额收益
- ☑ 科学使用时间

如果要提升能力，我们就要用好时间，把时间用在能力的提升上。时间是我们的生命，是我们的一切。可以说，我们把时间用在什么地方，我们就会成为什么样的人。

如果我们把多数时间用在呼朋唤友、觥筹交错、喝茶聊天上，那么我们就可能成为一个社交达人。

如果我们把多数时间用在垂钓、徒步、马拉松、自驾游上，那么我们就可能成为一个热爱生活、践行健康生活理念的人。

如果我们把多数时间用在刷微博、刷网剧、刷朋友圈、刷短视频上，那么我们就可能成为一个沉迷于虚拟世界的人。

如果我们把多数时间用在写作上，那么我们就可能成为一名作家。

如果我们把多数时间用在做实验上，那么我们就可能成为一个科研能力很强的人……

时间就是人生，使用时间就是在安排人生，因此用好时间比任何事都重要。

如何用好时间呢？有三大要点。

➡ 正确认识时间

时间对任何人而言都是平等的，每人每天都有24小时，可以用来工作，可以用来学习，也可以用来吃喝玩乐。在这24小时里，最值钱的时间是什么时间呢？最值钱的时间，不是玩耍的时间，不是工作的时间，也不是赚钱的时间。

最值钱的时间，具有以下几个特点：

第一，这种时间是符合人生大尺度要求的。这意味着我们的时间安排需要符合人生规划。这就要求我们：

（1）要以人生大尺度的要求思考问题，明确人生最重要的使命和目标。

（2）对使命和目标设定计划，也就是规划用多少个步骤、多长时间,去践行使命、实现目标。

(3)要严格地去执行计划、实现目标。当然,每个人的人生目标是有可能发生变化的,但只要明确了目标和计划,在目标未发生变化之前,我们就应该矢志不渝地执行计划。

符合人生大尺度要求的重要意义在于,我们可以避免走很多弯路,减少时间的浪费,始终朝着目标前进,确保比较高的时间效能。如果能够围绕人生的终极目标而努力,把时间花费在终极目标上,我们的时间就会完美契合人生大尺度,那么我们的时间效能是最高的。

第二,这种时间是具有高能量密度的。高能量密度,意味着这是一种"可能引起爆炸"的时间,这种时间蕴藏着改变命运的巨大可能性。高能量密度的时间的特点是具有高附加值,值得我们投入足够的精力来参与。例如:

(1)大学专业的选择。

(2)大学所在地的选择。

(3)职业的选择。

>（4）房产等大宗商品的购置选择。
>
>……

这些选择都关系着一个人的命运，值得我们用很长时间进行调研、了解、比较、思考，并进行反复的衡量、比较。

但现实是，很多人在作这些选择的时候，用的办法简单粗暴，拍脑门，想当然，很轻率，这是在浪费高能量密度的时间，很可能让自己在错误的道路上越走越远。

此外，用于以下事务的时间，也是高能量密度的时间：增长见识、深度思考、提升认知、深度决策、学习技能、拓展人脉、寻找机会等。

年轻人纯粹为赚钱兼职开网约车的时间不具有高能量密度。但是，如果他开网约车是为了写一篇深度调研报告或学术论文，或者为其未来在交通出行领域创业打下基础，那这种时间就是具有高能量密度的。

第三，这种时间是具有累进效应的。 一个人做任何事情，都需要耗费一定的时间，"做成"是一个节点概念，但"做"却是一个期间概念。事情在"做"的过程中，随时都可能由于各种情况被提前终止，此前所付出的时间就造成了巨大的浪费。

虽然我们不可能完全避免时间的浪费，但尽量减少时间的浪费具有重要意义，其最重要的做法就是多做具有累进效应的事情，让更多时间都具有价值。即使在不得不中断事情的时候，我们也能够有积累和进步。例如，"干中学、学中干"就是典型的做法。又如，经常向有见识、有思想、有成就的人士请教，或者和他们开展头脑风暴等。

● 赚取时间的超额收益

对于大多数人而言，上班是主要的赚钱途径。在此过程中，我们出售了时间，获取了报酬。城市或行业的平均薪酬是我们出售时间的平均收益。

我们能否突破这种平均收益？这是一个值得深入思考的问题。

聚焦时间，从人生大尺度看，如果把工作作为事业来做，是符合人生规划的；从能量密度看，工作是可以让人不断学习提升的；从累积效应看，工作经验是可以累积的。

但是，大多数人在工作时间并不能做到以上几点，因此普通人群的收入就只是一种平均收益。

如果我们要赚钱，我们就应该积极获取时间的超额收益。

从人生大尺度看，**我们要有职业生涯规划，并且将这些规划落实到工作中。**把工作视为手段，而非目的。薪金收入只是执行职业生涯规划过程中的意外收获。

一个对职业生涯有规划的人，一定比没有规划的人更容易获得超额收益。但执行规划并不容易，规划也有可能被中断或被放弃，但坚持就意味着能够得到超额收益。

从能量密度看，**要多从事具有创新性和挑战性的工作，**做到在工作中增长见识、提升能力，而不是按部就班，住在舒适区里。熟能生巧很重要，但切记不可简单重复，因为简单重复的时间不属于高能量密度的时间，很可能就是一种时间的浪费，不可能获得超额收益。

从累进效应看，**工作中要做到聚焦和坚持，**如学习一项技能、钻研一个领域的知识理论，成为某个细分领域的专家等。对于多数人来说，相对于做一个通才，做一个专才更容易实现，并且大概率能够为我们带来超额收益。

由此推演开来，我们做任何事情，都可用上述三个标准判断自己是否赚取了时间的超额收益。

⮕ 深入认知和科学使用时间

第一，深入认识时间与人生、财富的关系。 所有的财富都来源于对时间的安排。时间不仅是金钱，更能创造金钱，并且这种创造力是无穷无尽的。

有句话说："时间就是金钱。"还有一句话说："浪费他人的时间等于谋财害命。"都没错。这里可以补充一句："时间就是人生，你是怎样对待时间的，就是怎样对待人生的。"

第二，最好做能够大尺度管理人生的时间驾驭者。 不要做随波逐流的时间陌路人，也不要做勤奋的、精致的时间管理者。

放任时间不应该，但做"精致的时间管理者"也不应该。前者是对时间价值的毁灭，后者是对时间的误解。对于高能量密度的时间，我们应该花费更多精力投入；但对于那些低能量密度的时间，我们可能根本无须投入。

第三，以人生大尺度来衡量和谋划自己的行动，去做具有累进效应的工作。

大尺度的人生安排符合节省原则，是避免浪费的最重要的原则。如果一个人从小开始就沿着一个方向前进，将其大部分时间、精力和资源都聚焦在这个方向上，结果将是惊人的。

第四，去做具有高能量密度的事情。

把时间"浪费"在开阔视野、提升能力的事情上，如学习制作短视频、开直播、开民宿、锻炼身体等。对于一名中小学生来说，可以把数学学好，掌握较强的写作、演讲能力。

第五，聚焦方向，持续积累。

结合你的志趣，选择一个方向，然后在这个方向上，持续积累专业知识和技能以及行业领域内的人脉资源等。这种积累会让你成为一个富有的人，这个"富有"不一定专门指拥有大量财富，即使它可以很容易变为财富。

第六，学会当一名雇主。

这个社会分工越来越细。套用国际贸易的比较优势理论，你应该做你拥有比较优势的业务，雇佣他人来帮你做一些你不擅长、无暇顾及的业务。这样可以让你的成本降到最低，而且会为你的工作和事业加上一根风险可控的杠杆。

学会付费采购各种服务，以节省更宝贵的、能够"创造"更多财富的时间。不要舍不得花钱，特别是对于年轻人来说。你的时间应该用在更重要的事情上。

第七，早谋划、早安排、早行动。

你是谁，你从哪里来，你要到哪里去，永远是我们的"灵魂三问"。生而有涯，人生必须早谋划、早安排、早行动。在全力以赴的过程中,你会收获很多惊喜。注意,赚钱并不是你的人生大目标。

朱自清在《匆匆》里写道:"洗手的时候,日子从水盆里过去;吃饭的时候,日子从饭碗里过去;默默时,便从凝然的双眼前过去。"时间过得非常快,我们如要实现"铁赚",就要好好把握每一分、每一秒,努力将每一分、每一秒都当作高能量密度的时间来使用。

- 为什么懂得了许多道理，却依然过不好这一生
- 做思想的巨人，也做行动的强者
- 提升行动力的方法

扫码踏上"铁赚"之路

第四章

行动

如何诉诸卓有成效的行动

第一节

为什么懂得了许多道理，却依然过不好这一生

☑ 道理

☑ 行动

☑ 坚持

"听过很多道理,依然过不好这一生。"这句话出自韩寒导演的电影《后会无期》。自从电影上映,这句话就开始流行起来,很多人用这句话来表达自己的无奈:喝过许多鸡汤,听过许多大道理,自己的生活依然一塌糊涂。

这句话其实说明了一些道理,那就是:"知,不等于行。无知不行,无行不行,知行合一才行。"

每个人都能理解行动的重要性。行动是达成一切目标的必经之路,就连穿衣、吃饭和睡觉都需要通过具体的行动来实现。例如,有些年轻人计划早点入睡,却在晚上躺在床上之后,就一直刷短视频到天亮,成为一名睡觉"特困生"。

而有成就的人都是行动派,甚至是不可救药的行动派。在行动之前,他们也许有犹豫、有动摇,但行动能够帮他们战胜任何恐惧,勇往直前、所向披靡,直至达成目标。

为什么懂得了许多道理,却依然过不好这一生?核心就在于行动。那么,怎样才能做到"懂得道理,过好一生"?我们可以从以下几个方面进行反思。

第一,要懂得真正的道理。这些道理是不是心灵鸡汤?什么是心灵鸡汤?心灵鸡汤就是讲大道理。许多大道理似是而非,不足以成为规律,没有底层逻辑且不具备可操作性,缺少论证和验证。

一个所谓的道理有没有触及事物的本质?是不是管用、好用?有没有经过实践验证?是不是符合实际?很多所谓的道理本来就是伪道理。

例如,"每天进步1%,一年就能进步38倍"。虽然这在数学计算上是准确的,但以此来要求人们每天进步1%,是一个几乎不可能完成的任务。这就是一个伪道理。

又如那个著名的国王和麦子的故事。舍罕王是古印度的一个国王,他喜欢下棋,在和大臣达依尔下棋时输了。达依尔请求国王赏赐他麦子,并要求在棋盘的第一个格子里放1粒麦子,在第二个格子里放2粒,在第三个格子里放4粒,在第四个格子里放8粒,以此类推,每个格子里放的麦子是前一个格子里的两倍，直到放满整个64格的棋盘。国王觉得要求很简单，就答应了。但是，当真正开始计算所需的麦子数量时，国王才发现这是一个天文数字，他无法兑现这个承诺。从数学角度看，这个故事没有问题，但它忽视了现实世界的资源限制与逻辑可行性，即便是将大臣换成地位较低的长工，这样的规则在现实中也同样荒谬，因为长工在等待如此庞大的赏赐累积过程中，早已无法生存——这个例子揭示了伪道理与现实世界的脱节。

所以，我们在听到所谓的道理时，应该思考这个道理是不是真正的道理。只有真正的道理，才能够帮助我们过好这一生。

第二，懂得道理，还要有行动。坐而论道，不如起而行之。道理是指导行动的，没有行动的道理就如同空中楼阁。没有行动，懂得再多道理也过不好这一生。

行动也分为正确的行动和错误的行动，只有正确的行动，才能通往美好的未来。

第三，有行动，还要能坚持。要克服困难，坚持前进。我们要根据目标反馈情况的变化，不断修正行动，找到正确的道路，对目标进行"饱和攻击"，最终把目标拿下。

其实很多人都懂得要长期坚持的道理，但真正做到长期坚持并不容易。根本原因在于，大多数时候，坚持让人痛苦。改变这个状况的方法是把坚持变成一件愉悦的事情。这种愉悦来自两个方面：一是让坚持的事情富有趣味，二是获得内在和外在的激励。

第二节

做思想的巨人，也做行动的强者

☑ 目标可行

☑ 方法正确

☑ 适度准备

☑ 迈出第一步

很多人在谈起理想、目标时心潮澎湃，甚至晚上激动得睡不着觉，但第二天早上就忘光了。

很多人能够在很短时间内给出100种解决方案，但是行动起来却连一条路都走不下来。

很多人下定决心要减肥、要读书、要学习、要早睡早起、要健康饮食，但总是因为各种所谓的客观原因无法行动。

很多人希望能坚持做某件事，但只过了几天就坚持不下去了，最终一切归零。

如何跨越从思想到行动的鸿沟？这是每个人都必须回答的问题。

⇒ 目标要可行，方法要正确

例如，我们希望2个月内减重10千克。设定这个目标并非完全不切实际，因为现实中有很多人都能够做到。但坚持了2个星期之后，我们发现自己根本没有减下来。如此，我们怎么能完成自己的减重任务？这会严重动摇我们继续减重的决心。我们可能会想：减不下来就算了，不减也就那样，无所谓。后来，经过反思，我们发现了两个问题：

（1）目标存在问题。
（2）方法存在问题。

对于第一个问题，2个月内减重10千克，对我们来说是不太现实的。别人能做到的事情，我们自己不一定能做到，而且每个人的体质不一样，一个120千克的人减重10千克，和一个75千克的人减重10千克，完全不一样。没有认清这一点，是很多人失败的根本原因。所以我们可以把这个减重时间拉长为6个月。设置6个月的目标并不是自我放弃，而是减轻我们的压力，让我们有足够的信心去实现它。

再谈谈第二个问题。此前,我们选择在下班后、傍晚时运动、锻炼。但是,傍晚总是有很多事情,如加班,与朋友或合作伙伴谈事情,甚至不得不参与应酬等。这导致运动断断续续,很难保持运动的规律和持续。我们发现这个问题之后,马上调整为早上运动。调整是有困难的,因为此前我们习惯在7点多起床,很难适应早起。但我们还是调整了自己的作息时间,晚上11点休息,早上6点起床,这个时间能够确保每天运动1小时。

经过这两次调整、适应和坚持,我们用4个月就实现了目标,而且很轻松。

因此,目标和方法都很重要。目标过高则易放弃,过低则无意义,我们应该确立一个"用力跳一下够得着"的目标。

我们要学会学习、观察、比较和自我审视,方法不是一成不变的,而是要根据目标不断进行修正和调整的。

⊙ 适度准备

行动之前要有准备。"不打无准备之仗"说的就是这个意思。**这个准备既包括客观物质条件方面的准备,又包括心理和精神方面的准备。**必要的客观物质条件是做好任何事情的前提和基础，没有足够的心理准备去开启一项工作和应对可能存在的困难，胜率是要大打折扣的。

但是这种准备做不到也不可能足够充分。很多时候，**我们有七成把握，就可以去行动**，就像我们在资本市场上投资，只要我们判断能达到一定的胜率，就可以买入。投资都会有风险，如果极度厌恶风险，我们就不应该投资，而应该把钱存到银行里或者买国债。因为很多行动都具有一定的风险，在需要博取一定的超额收益时，我们需要承担更大风险。

迈出第一步

迈出第一步是实现目标过程中最关键的环节。如果我们要健身，就穿上运动服和运动鞋跑到健身房；如果我们想成为小说家，就马上打开电脑敲下第一行字；如果我们要考研，就马上下单买参考书。

迈出第一步是艰难的，原因在于惯性和路径依赖。我们习惯重复自己惯常所做的动作，因为这种动作能让自己有安全感和舒适感。改变原有的动作和行为则意味着需要勇气，下定决心，付出时间和精力，面临不确定性，所以我们迈出不同寻常的第一步是一件很艰难的事情。

但这第一步是必须迈出的。这时，我们需要依靠信念、激情，调动正向潜意识，让自己做出对抗迷茫和不确定性的第一个动作。当做出第一个动作时，我们可能就成功了一半。

第三节

提升行动力的方法

- ☑ 使命驱动
- ☑ 降低期望
- ☑ 循序渐进
- ☑ 自我激励
- ☑ 游戏推动

阻碍我们发挥行动力的原因是什么？畏难？懒惰？拖延？怕风险？没时间？注意力涣散？认为不紧急、不重要？

原因可以有很多，借口也可以有很多，但没有行动力才是我们难以把事情做好的最重要的原因之一。有没有提升行动力的方法呢？有的。

➡ 使命驱动

回想起中考、高考阶段，我们起早摸黑、不辞辛苦地学习，是自我驱动，还是家长逼迫？

看看职场生涯，我们把工作做好的动力，是老板命令，还是自我要求？抑或二者结合，但孰主孰次？

再想一想，他人要求和自我驱动相比，在哪种情况下，我们的行动力更强？显然是在自我驱动之下，一个人的行动力更为强大。

因此，要解决缺乏行动力的问题，最根本的做法就是让自我驱动变成做事的动力。

很多人说："我做事没有什么自我驱动，都是别人要求的。上班时，老板让我干什么我就干什么。在家时，老婆让我干什么我就干什么。"这么做，其实你已经是一个合格的员工和还不错的老公，但是不能称为一个优秀的员工和老公，因为你的行动力是打折的。完全在他人的要求和安排下工作，容易出现懒惰、拖延、畏难、注意力不集中等情况，更重要的是会缺少对过程的掌控力和创造力，因此较难达成一个卓越的结果。

真正的卓越，来自使命驱动。

如何做到使命驱动？

第一，把"要我做"变成"我要做"。 日常中的很多事情，不管是工作的职责、他人的要求，还是自我的需要，都可以变成"我要做""这是我的使命""我必须做好"。既然要做，不如转换视角和思维，掌握主动权。

这是一条可以实现的路径。一个人除了身体上的病与痛，一切都是思想观念的问题。你有怎样的思想观念，就有怎样的人生。把被动变成主动，仅仅是思想观念的转变，甚至不需要付出额外的时间和精力。

第二，赋予所做之事意义和神圣感。万事皆有意义，挖掘和升华你所做之事的价值。强化心理暗示，让自己理解、接受、内化这个价值，将该价值内化于心，增强使命感。

有三个建筑工人，对于工作的理解是这样的：

> （1）工人甲：我正在砌砖。
> （2）工人乙：我正在建设一栋大楼。
> （3）工人丙：我正在建设一座城市。

很明显，第三个工人赋予了工作更大的意义，被更大的使命驱动。

第三，将行动视作达成神圣目标的唯一路径。把达成目标的行动规律化，变成可持续的习惯性动作。

要做到使命驱动，就不能让使命成为空中楼阁，成为一个挂在墙上的目标，那样没有任何意义。要对使命任务进行分解，让这个任务可感、可及、可为、可控、可成。

➡ 降低期望

使命很光荣、目标很伟大、成果很丰硕……在这种宏大叙事下，我们的期望值就会很高。

人的幸福感来源于达到期望、超越期望。期望就在那里，决定了我们的幸福感乃至整个人生。因此，降低期望是实现幸福最可靠的方案之一。

在期望值很高的情况下，有三个问题：

> （1）容易产生"任务很艰巨、过程很困难"的心理暗示，让人产生畏难情绪。
> （2）在遇到挫折的时候，容易失去信心。
> （3）在遇到困难的时候，会产生一种"反正很难，放弃无罪"的消极心态。

所以，我们应该做到的就是降低期望。怎样降低期望？

第一，下调目标。不要设定高不可攀的目标。自己踮起脚能够得着的目标，或者跳起来能够得着的目标，就是非常合适的目标，千万不要设定不可能完成的目标。

好高骛远是人经常犯的错误，在过高目标之下，一旦遭遇挫折，很容易放弃。

第二，完成比完美重要100倍，不要追求完美。把自己的结果预期设定为85分，优秀即可，或者干脆75分，良好即可。

除了确实要求精确度的工作（如自然科学研究），对于大多数工作，完成要比完美更重要。这句话的意思不是不需要追求更好，而是应该在完成的基础上做得更好。如果事情才刚刚开始做，就想怎么把事情做得很漂亮，做到100分，那么就可能会承受很大压力，甚至打退堂鼓，最后不了了之。

第三，确立"铁赚"思维。要注意提醒自己努力做，即使不成功，也不会有损失，甚至会有收获。

收获的不一定是预期的结果，也可能是收获了教训，锻炼了能力，知晓了哪些是不可通行之路，这些都可以为未来的成功奠定基础。这就是"铁赚"思维。在这种激励下，我们就可以此鼓舞自己，最终提升行动力。

➡ 循序渐进

从时间的角度，将任务分成三步、五步、七步。先走第一步，然后走第二步。先把第一步走好，然后再走第二步，确保每一步都有进步，都有收获。

从空间的角度，对任务进行拆解，先做容易的部分。先易后难，有利于我们迈出第一步、形成正反馈、享受成就感、建立完成任务的信心，更好地完成后续相对艰难的内容和环节。

从实践的角度来说，迈出第一步对于第二步具有决定性的意义，所以有一种说法是迈出第一步就成功了一大半，这是有道理的。迈出第一步之后，第二步则变得相对容易。当走完第二步之后，我们回过头来看，就会发现自己可能已经小有成绩，以至于更有信心和动力去迈出第三步。走完第三步，也许"已经没有回头路"，我们只能勇往直前。走到第四步的时候，我们也许就真的成功了一大半。

这就是渐进的方法：从零到一，从易到难，正向反馈，日积月累，功不唐捐，最终的成果将会很可观。

➡ 自我激励

我们可通过工作记录的方式，把每一天、每一个进展记录下来，让自己每天都能够看到进步。

把自己所完成的工作与目标进行比对。如同马拉松，我们要锚定目标，关注目标，一步步逼近目标。在此过程中，我们可以获得满足感和成就感。

让自己看得见未来。具有强烈自我驱动能力的人，往往是能看得到未来的人。这类人对目标能做到"我的眼里只有你"，能够排除一切干扰，除了吃喝拉撒睡，所有的时间和精力都用在实现目标这一件事上，做到逢山开路、遇水架桥，神挡杀神、佛挡杀佛。这类人做事的胜率是很大的。

目标驱动要切忌目标过多。目标过多就意味着私心杂念过多。如果我们在实现其中一个目标的过程中遇到困难，很容易就会放弃这个目标，转向其他目标，而在实现新目标的过程中也会遇到同样的问题。

即使我们能力很强，拥有三头六臂，努力兼顾其他目标，也很容易顾此失彼。

游戏推动

通过游戏，我们可以在行动过程中享受乐趣，这种乐趣能够帮助我们提高行动力。

可以是竞赛式的游戏。找到同伴互相竞争，效果会非常好，如读书群、写作营等。在学习类行动中，集体竞争的氛围能够较好地促进行动。这主要源自比较、不甘落后、争做先进的心理。

可以是自我挑战式的游戏。在现有成绩的基础上，对自己提出更高的要求，探索自己能力的边界，证明自己可以拥有更高的能力。例如，我今天记了30个单词，明天可以挑战记40个。

可以是奖励式的游戏。为激励自己完成某个目标，可以给自己设定一个奖赏，一旦达成这个目标，我们就给自己兑现奖励。例如，我今天完成了一个任务，可以给自己放假半天，去看一场电影或吃1个冰淇淋。

游戏的形式有很多，我们可以结合实际情况进行设定。在很多情形之下，设定游戏是非常有效的提升行动力的方法。

- 职场的底层逻辑
- 职场能造富吗
- 成为"职场富人"的相关线索

扫码踏上"铁赚"之路

第五章
职场

大多数人的生存发展之道

第一节

职场的底层逻辑

- ☑ 职场
- ☑ 企业
- ☑ 组织
- ☑ 协作
- ☑ 创造价值

职场是什么?

职场就是我们在某个机构中就职的场所,包括有形的场所,如办公楼、办公室等,也包括无形的场所,如工作内容、人际关系等。

1991年,新制度经济学的创始人罗纳德·哈里·科斯获得了诺贝尔经济学奖,最终让其获奖的两篇论文之一就是《企业的性质》。这是他在25岁时构思并写就,在1937年发表的一篇论文。这篇论文奠定了现代企业理论的基础,也成了企业家理论发展的重要里程碑。《企业的性质》的核心观点是:"**任何组织的产生一定是其在一定程度上提高了组织内部成员的效率。**"

具体到企业这个组织的特例，科斯认为，市场的运行是有成本的，人们通过形成一个组织，并允许某个权威（如企业家）来支配资源，就能节约某些市场运行成本，使企业内部成员的平均工作效率高于企业外部成员，所以组织就自发地产生了。

企业就是以比无组织情形更高的效率将人组织起来，以达成某个市场目标的市场主体。

按照这个观点，企业是被组织起来的，同时社会的各个主体也是按照效率原则被组织起来的，也就是大家因为某个共同的目标被组织起来，形成了"单位"，进而也就形成了"职场"。

可以说，我们是受到"雇佣"而走到一起的，可以是为了"薪酬"或"养家糊口"，也可以是为了"事业"。不管你是否承认，我们确实有共同的目标。如果没有共同的目标，我们不可能走到一起。

因此，在职场中，为了达成共同的目标，最重要的关系是协作关系，如上级与下级的协作，同级之间的协作等。

良好的协作会产生很多效果：

> （1）在组织方面，可以提高效率、创造优良绩效、促进机构发展等。
>
> （2）在个人方面，可以实现个人的进步、发展、晋升，还有收入的增加与社会资源的拓展等。

相反，不好的协作则会导致混乱、低效、停滞、损失……最终损害整个组织和所有人。

在职场，最根本的目标是创造价值，而实现这个目标需要的是效率的提升。

效率提升促进效益增加，由此带来价值创造。通常情况下，这也能帮助个人实现财富的增加。

所以，企业最大的任务是创造市场价值。 职场最大的任务是提升协作的效率，而效率创造价值。职场中的最优选择，就是实现所在组织与个人的共同成长。

第二节

职场能造富吗

- ☑ 行业
- ☑ 企业
- ☑ 部门
- ☑ 岗位
- ☑ 努力
- ☑ 职场

很多职场人士自嘲"打工人""牛马""码农""金融民工"等,这些都是他们对于自己作为职场人士辛苦工作、收入不高的不满或调侃。

在很多人眼里,职场只是解决"温饱问题"的依托。通过打工满足个人和家庭的基本支出就已经很好了,不要奢望所谓的"财富自由"了。

职场"只能满足基本生活需要",这是与整体经济水平和社会生产力相关的。

社会生产力提升时,打工人群体的收入在市场规律的作用下一定会提升。这不是哪个老板决定的,而是由市场这只无形的手来决定的。

经济繁荣时，打工人群体的收入不可能不提升，因为收入和经济繁荣互为因果。

"满足基本生活需要"这个标准也是随着社会和经济的发展而变化的。几十年前的基本生活和今天的基本生活已经不可同日而语，今天的基本生活就是过去的富足生活，这点毋庸置疑。

但在今天，我们是否可以通过职场来获得比较富足的生活呢？毫无疑问是可以的。

因为"基本生活"代表了平均数，而残酷的事实是"平均数"之下的很多人是"被平均"的。这是社会的规律，无法改变，任何情形下都不会存在绝对的平等。虽然如此，很多人还是处于"平均数"之上的，这些人就是所谓的"职场富人"。

要成为"职场富人"，需要很多内外条件。

第一，在一个繁荣的行业工作。这包括21世纪的互联网、21世纪10年代的房地产、21世纪20年代的自媒体……但这些行业可谓"城头变幻大王旗"，风水轮流转，一个行业不可能永远繁荣，也不可能永远低迷。不过有两个行业具有相对旺盛的生命力：一个是与先进科技相关的行业，另一个是与资金相关的行业。

第二，在一家有竞争力的企业工作。很多企业在招聘的时候都说自己会提供在行业内具有竞争力的薪酬。怎样选择一家有竞争力的企业？除了看主业，我们还要看产品和服务的竞争力，看企业文化，看大股东的品行和能力。

第三，处于一个重要的部门和岗位。企业内部也不可能绝对平等，能够创造更高价值的部门和岗位，所获得的薪酬是很高的。例如研发部门、营销部门等，由于对企业的贡献更大，因此这些部门的职场人士更容易获得较高薪酬。

第四，能够通过努力，在职场上不断实现升职加薪，由此带来个人财富的增加。能力的提升会带来位置的提升，从而也会带来责任的提升，因此会使打工人获得更大的报酬。薪酬与贡献是相匹配的。

第五，能够从一个职场升级到一个更高的职场，从一家企业跳槽到一家更有竞争力的企业，从而实现个人收入的增加。在市场经济中，人才市场是一个重要的市场，能够帮助人才自由流动，创造更大的价值。打工人有机会以一个比较高的价格受雇于另一个雇主，发挥更大的作用，获得更高的薪酬。

我们看看智联招聘发布的2024年第一季度《中国企业招聘薪酬报告》中不同行业的薪酬差距。排在第1名的是"基金/证券/期货/投资"，平均月薪为13374元；排在第2名的是"银行"，平均月薪为12373元；排在第3名的是"计算机软件"，平均月薪为12044元；排在第4名的是"电子技术/半导体/集成电路"，平均月薪为11935元；而排在第44名的是"物业管理/商业中心"，平均月薪为7312元。

我们看看不同职业的薪酬差距。排在第1位的是"芯片工程师"，平均月薪为22767元；排在第2位的是"人工智能工程师"，平均月薪为22158元；排在第20位的是"机械设计/制造工程师"，平均月薪为11788元。

注意，这里并不是最高和最低薪酬的比较，但我们已经看到了巨大的差距。这里是行业和职业的区别，还存在同一个行业、同一个职业但不同级别、不同岗位的差别，后者差别更大。

有人说，自己在职场上混了很多年，才拿那么一点钱，根本就是不公平的。但这种"不公平"的背后有财富分配的规律。

所以，当你发现有人拿到很高的薪酬的时候，千万不要觉得奇怪。

荣正集团公布的《中国企业家价值报告（2024）》显示，2023年上市公司高管薪酬最高的是药明康德董事长、实际控制人李革，税前年薪（下同）为4196.86万元；其次是迈瑞医疗董事长李西廷，年薪为2662.86万元；通威股份副总裁李斌以

2628.00万元的年薪位居第三。共有数十名高管的薪酬超过千万元，涉及医疗、光伏、食品饮料、IT服务、家电、新能源汽车等行业，尤其以医疗行业居多。

实际上，这里面有一些高管是老板，薪酬可能只是他们收入的小部分，各种股权增值、分红才是重头。虽然都是打工人，但有的打工人年薪上亿元。可见，同一个行业、同一个职业的打工人，收入可能存在天壤之别。而很多富足的家庭可能也是真正的打工人，因为大老板还是少数，他们也许并不在我们身边。

所以，职场能否造富，这个问题的答案是肯定的。我们完全可以成为"职场富人"。

第三节

成为"职场富人"的相关线索

- ☑ 富在国家
- ☑ 富在行业
- ☑ 富在企业
- ☑ 富在个人

如何成为"职场富人"？这是很多人都在思考的问题，也是一个很宽泛的话题。

但是，如果从现实出发，我们还是可以找到成为"职场富人"的相关线索。

● 富在国家

沃伦·巴菲特说过这么一段话："社会对你的命运有一定的影响，而不仅仅影响你与生俱来的能力。相信我，和孟加拉国相比，人们更希望在美国出生！这就是'卵巢彩票'，我在恰当的时间出生在一个好地方，我抽中了'卵巢彩票'。"

这就是著名的"卵巢彩票"的来源。正是过去几十年美国科技的迅速发展以及经济的繁荣，孕育和造就了大量全球顶尖企业，这些企业的诞生和升值，成了巴菲特财富增长的重要源泉。

试想，如果巴菲特出生在一个科技和经济落后的国家，没有完善的法治和市场机制的保障，没有伟大企业的诞生，即使他再神通广大，也不可能有机会获得投资的成功，成为全世界顶尖的富豪。

长江商学院金融学教授欧阳辉曾提出："**一个人的成功有三个因素，alpha，beta，epsilon。**"alpha是个人的能力，beta是国家的成功，epsilon是个人的运气，其中最重要的因素就是自己国家的经济发展。每个人的成功，都是在分享一个共同体的红利。

身处一个自由、法治、繁荣、有潜力的国家，我们创造财富要容易得多，守卫财富也要容易得多。

今天，我们身处新时代的中国，经济扬帆起航、科技发展迅速。毫无疑问，我们正面临着创造财富的极好历史机遇。

很多年前，我一位从国外留学回来的老师跟同学们说："希望大家能够把握中国机遇。一些西方国家的科技和经济已经比较发达，相对于冉冉升起的中国，它们的上升空间较小，社会和经济缺乏活力，年轻人干事创业的机会比较少。而中国则充满了希望和活力，年轻人拥有大量机会。"

所以，无论是创业还是进入职场，改革开放的中国都为我们提供了很好的机会。即使是打工人，也有很多获得比较好的薪酬待遇的机会。

⮕ 富在行业

我们去打工，可能会有很多目的。从马斯洛的需求层次理论看，很多人是为了保证最基本的生存需求而去工作，要衣食住行，要柴米油盐酱醋茶，总之就是为了赚钱；也有一些人完全是为了实现自身价值这一目标而去工作。

如果仅仅从赚钱这个角度看，行业是决定收入的重要因素。

在同一个国家、同一个地区、同一个城市，甚至同一栋写字楼，不同行业的薪酬待遇有很大差别。

此前我们论述过不同行业的薪酬水平。一般来说，与科技进步相关的行业的薪酬水平相对比较高，如互联网行业；与资金相关的行业的薪酬水平也比较高，如金融行业。

如果从赚钱的角度来考虑，我们应该重视行业的选择。行业和专业不一样，专业不等同于行业。例如，我们学的是会计专业，但我们可以从事很多行业，这些行业的薪酬水平可能差距巨大，甚至有可能差十倍以上。

当然，我们在选择专业的时候，可以选择一个与高薪行业相关的专业。例如，我们可以选择与金融相关的专业，包括金融学、金融工程、保险学、投资学、金融数学、精算学等。

此外，即使我们学的是与金融不相关的专业，也可以参与到金融行业中来，如加入金融行业的上下游企业，包括与金融营销、金融科技、金融企业管理和运营相关的企业等。

在这里必须强调，提到的金融行业仅仅为举例，并不意味着这个行业一定是一个持续高薪的行业。

实际上，任何行业的发展都有其高光时刻，也有其低迷时期。这是由经济周期、政策导向等因素所决定的。

这就需要每个职场人士或大学生，在选择行业的时候，从宏观经济、科技进步、社会政策等多个角度进行研判。最好能够发现一些本质规律，例如，哪些行业的薪酬水平虽然会波动，但一般都会位于所有行业的平均水平之上。这种规律能帮助我们做出选择。

当然，我们必须认识到，选择行业不能将薪酬作为唯一标准，还需要考虑个人的志趣、特长，经济周期，行业周期等。

我们这里只是强调，**行业是影响薪酬的重要因素。**

⮕ 富在企业

同一个行业里，不同企业的薪酬水平差距也很大。这跟企业自身的市场占有率、竞争力、盈利能力、利益分配机制、文化理念等因素息息相关。

选择企业的时候，我们首先要考虑企业的核心竞争力。 拥有核心竞争力的企业具备很宽、很深的"护城河"，能够在较长时间内保持竞争优势，并获得超额利润。

这种核心竞争力包括不可复制的核心技术、占领用户最高心智的品牌、渗透力强大的销售网络、独特的特许经营权等。这些优势能够保障这家企业在长时间内存活得很好。

例如，可口可乐不仅拥有世界上独一无二的配方，还拥有举世无双、价值连城的品牌。另外，非常重要的一点是可口可乐拥有的销售网络——它在中国市场内几乎无孔不入。这构成了它强大的销售能力，从而带来了强大的核心竞争力。

接下来，我们还要看看这家企业的盈利能力。**盈利能力指的是企业在成本可控的情况下获得更高利润的能力，也就是赚钱能力。**

此外，我们还要考虑企业的利益分配机制。完善的利益分配机制能够让员工享受到企业发展的成果，也能够让员工与企业同荣辱、共进退。

● 富在个人

在同一个国家、同一个地区、同一个行业，甚至同一家企业，人与人之间的收入差距也可能很大。

在这里，最重要的指标就是所做贡献的大小。一般而言，一个人的贡献越大，收入越高。

一方面，从横向角度看，重要岗位的收入水平更有保障。因此，我们在选择企业的时候，应该对岗位进行考虑。

核心部门、核心岗位的人员也是企业的核心竞争力，企业的发展首先倚仗的就是这些人员。所以，这些人员是得到重点保护的。企业发展好了，作为功臣的他们一定会得到厚待；企业发展遇到困难了，他们也会优先受到保护。而那些不太重要的服务保障类的部门与岗位则会比较危险。

部门与岗位并非可以随意选择的。它和个人的专业、能力、履历、岗位匹配度等都有很大关系。从企业角度看，部门与岗位人员的安排要符合能力最大化、效率最大化、绩效最大化的原则。个人可以从长计议、提前准备，让自己能够在职场中变得更加重要，所做的贡献更大。

另一方面，从纵向角度看，职级越高，收入越高。在很多人眼里，职级的晋升就是一种"玄学"。因为他们认为自己的能力和贡献都不差，但还是输给了不如自己的人，别人升职了，自己还是原来的自己。

不可否认，企业中确实存在这样的情况，即个人晋升不完全基于能力和贡献。因为除了能力和贡献，还有一些其他重要因素，比如熟悉度、信任度、资源、个人感染力、团队领导力等。很多人抱怨："那个谁还不如我呢，为什么当了我的领导？"殊不知，决定晋升的因素是多方面的。

但这并不意味着个人就不应该努力，而是要从个人能力、贡献、领导力等多个方面去提升自己，朝着晋升的目标去努力。

这里我特别强调两个小原则：

（1）最大胜率原则。
（2）价值原则。

首先来谈谈最大胜率原则。如前所述，个人的晋升并不是作为下级的我们所能决定的，但我们可以按照最大胜率原则去努力，怨天尤人、自暴自弃并不能解决问题。我们虽然不能完全把握自己的前途，但可以最大限度地掌握自己的命运。最大胜率原则是我们普通人唯一的出路。

其次谈谈价值原则。在任何一个组织里，人员的使用都基于价值原则。这种价值可能是对组织而言的，也可能是对决策者个人而言的。努力做有价值的人，让自己的能力和贡献与我们所期待的岗位更加匹配，这是我们应该做的。

很多人说："我就是一颗螺丝钉，就是一个搬砖人，就是流水线上的一环，我的价值在哪里？"你当然有价值，不然企业为什么需要你呢？

现实中，很多人能够在企业中脱颖而出，其秘诀就是贡献了额外的价值。例如，在工作中创造了突出的技术，提高了质量和效率；在工作中体现了超出他人的责任感；在组织中发挥了更大的组织协调作用；在业余时间想方设法为组织做贡献等。这种额外价值就是超出期待的价值。

其实，很多人在职场中经常犯的错误就是，仅仅把自己当作一颗螺丝钉或一个搬砖人。这些人认为自己的工作是被动的、是受安排的，内心充满了对"资本家"的怨恨。不可否认，很多企业或者组织未能善待员工，让员工心生不满。但我们既然受到了雇佣，就应该把命运把握在自己的手里。主观能动性能够帮我们把命运越抓越牢。主观能动性的核心就在于创造价值，主动创造更优的、更大的价值，能够让我们与被动的、抱怨的自己区分开来。

毫无疑问，这样主动创造价值的人，才是一家企业所需要的。

因此，职场人士之间最大的区别不是能力，不是外在条件，不是与上级的关系，而是职场观。秉持价值型职场观和抱怨型职场观的两个人，即便能力和条件相同，在职场发展中取得的成就也会有天壤之别。

- 现金管理类理财产品：聚焦存款
- 固定收益类理财产品：聚焦债权
- 权益类理财产品：聚焦股权
- 商品及金融衍生品类理财产品、混合类理财产品

扫码踏上"铁赚"之路

第六章
理财
价值驱动的创富工具

第一节

现金管理类理财产品：
聚焦存款

- ☑ 现金管理类理财产品的特点
- ☑ 现金管理类理财产品的类型
- ☑ 现金管理类理财产品的投资策略

在金融市场日益繁荣的今天，投资者面临着众多理财选择。其中，现金管理类理财产品以其高流动性、低风险和收益相对稳定的特点，成了众多投资者尤其是保守型投资者的优选。

什么是现金管理类理财产品？

2021年5月，《中国银保监会 中国人民银行关于规范现金管理类理财产品管理有关事项的通知》（以下简称新规）指出，现金管理类理财产品（以下简称现金管理类产品）是指仅投资于货币市场工具，每个交易日可办理产品份额认购、赎回的商业银行或者理财公司理财产品。在产品名称中使用"货币""现金""流动"等类似字样的理财产品视为现金管理类产品。

什么是货币市场？

货币市场又称短期金融市场，是指期限在一年以内的金融资产交易的市场。该市场的主要功能是保持金融资产的流动性，以便其随时转换成可以流通的货币。它的存在一方面满足了借款者的短期资金需求，另一方面为暂时闲置的资金找到了出路。

最近几年，股票、基金的投资收益率不太理想，大多数的投资品种令人失望，很多人的收益都是负数。银行存款很安全，但存款利率非常低，跑不过通货膨胀，存款就是赔的。

在这种情况下，收益率在2%～4%之间的现金管理类产品逐渐成为很多人的选择。

现金管理类产品有什么特点呢？

第一，高流动性。

如果你手上有一笔现金，但没有明确的投资方向，也不知道何时使用，但要求随时能取用，那么最合适的投资选择就是现金管理类产品了。当你需要现金支付的时候，可以随时操作赎回，非常简单。

这笔"闲钱"其实不闲，它也很忙，忙着为我们创造收益，所以这类产品的客户体验是非常不错的。对于很多人来说，乱投资不如不投资，或者买一些这类产品。

新规发布前，现金管理类产品多采用"T+0"交易规则，即交易时间内（有些银行还能放松至17时）的申购，当日确认且享受收益，赎回申请也能当日确认且赎回款到账。

这种方式虽然很灵活，能提高投资者的资金使用效率，但如果金融市场出现较大波动或理财产品出现负面影响时，大规模赎回将可能引发流动性风险，进而影响金融体系的稳定性。

所以，新规明确要求当日认购的现金管理类产品份额应当自下一个交易日起享有该产品的分配权益；当日赎回的现金管理类产品份额自下一个交易日起不享有该产品的分配权益，银保监会认定的特殊现金管理类产品品种除外。

新规实施后，产品申赎效率从"T+0"变更为"T+1"，意味着资金申购、赎回、起息及到账的时间均在原有基础上延迟了一个交易日。**但总体而言，赎回效率还是很高的，通常情况下灵活使用资金是没问题的。**

还有一点要注意，新规提出商业银行、理财公司应当审慎设定投资者在提交现金管理类产品赎回申请当日取得赎回金额的额度，对单个投资者在单个销售渠道持有的单只产品单个自然日的赎回金额设定不高于1万元的上限。也就是说，新规实施后，单个投资者在单个销售渠道持有的单只产品单日快速赎回金额上限从5万元下调至1万元。

快赎，是指当日的赎回申请立马确认且赎回款即时到账。在快赎额度限额内的资金某种程度上成了投资者"随取随用"的零钱包。基于此种变化，有较高流动性需求的客户，需提前做好其他资金安排。

第二，低风险。

新规指出，现金管理类产品应当投资于以下金融工具：

（1）现金。

（2）期限在1年以内（含1年）的银行存款、债券回购、中央银行票据、同业存单。

（3）剩余期限在397天以内（含397天）的债券、在银行间市场和证券交易所市场发行的资产支持证券。

（4）银保监会、中国人民银行认可的其他具有良好流动性的货币市场工具。

这些都是具有相对低风险特点的资产类型，在非极端情况下，基本不会出现亏损。但需要指出的是，现金管理类产品的风险等级虽然低，但也不是绝对的保本保息。

这里介绍一下金融产品的风险等级。

金融产品的风险等级是根据金融产品可能带来的风险进行划分的结果，通常分为低风险、中低风险、中风险、中高风险和高风险五个等级。

（1）低风险（R1）。这类产品通常结构简单、流动性高，本金发生亏损的概率极低，适合风险承受能力较低的投资者，包括银行定期存款、国债等。

（2）中低风险（R2）。这类产品本金风险相对较小，收益浮动相对可控，适合有一定风险承受能力的投资者，包括纯债基金、短期纯债基金等。

（3）中风险（R3）。这类产品到期或赎回时不保证本金的偿付，有一定的本金风险，收益有一定波动，适合有一定风险承受能力的投资者，包括混合债券基金、偏债混合基金等。

（4）中高风险（R4）。这类产品到期或赎回时不保证本金的偿付，本金风险较大，且收益波动较大，适合能够承受较高风险的投资者，包括偏股混合基金、灵活配置基金等。

（5）高风险（R5）。这类产品到期或赎回时不

> 保证本金的偿付，本金风险极大，且收益波动极大，适合能够承受极高风险的投资者，包括股票型基金、外汇等。

现金管理类产品的风险等级在R1和R2之间，因此是比较安全的。

第三，收益相对稳定。

现金管理类产品的收益率一般在2%～4%。虽然收益率相对较低，但收益相对稳定，不会因市场波动而发生剧烈变化。

现金管理类产品有哪些呢？

> （1）银行活期存款。流动性好、风险极低，但收益也相对较低，适合存放日常备用金或随时可能动用的资金。
>
> （2）银行现金理财产品。风险较低，收益高于活期存款，流动性也较好，适合有一定资金、追求较高流动性的投资者。
>
> （3）国债逆回购。安全性高，收益率高于同期银行存款利率，流动性好（可提前赎回或到期自动结

算），通过证券交易所交易，个人投资者需要有证券账户，适合有闲置资金、对资金流动性有一定要求且希望获得较高收益的投资者。

（4）短期融资券和短期债券。期限短（一般不超过一年）、风险相对较低（投资者需关注发行主体信用），收益率高于银行存款利率，可通过银行、证券公司等渠道购买，适合有一定风险承受能力、追求较高收益的投资者。

（5）开放式债券基金。主要投资于债券市场，风险低于股票基金，收益相对稳定，流动性较好（可申购赎回），包括纯债基金、短债基金等，适合风险偏好较低、追求稳定收益的投资者。

（6）同业存单基金。主要投资于同业存单等货币市场工具，风险较低，收益相对稳定，适合追求低风险、稳定收益的投资者。

（7）券商的余额理财产品。通常由券商提供，风险较低、收益相对稳定、流动性好（可随时赎回或用于证券交易），适合有证券交易需求的投资者。

现金管理类产品的投资策略如下：

第一，明确投资目标。投资者应根据自己的风险承受能力、资金流动性需求以及投资目标，选择适合自己的现金管理类产品。例如，对于短期闲置资金，投资者可以选择流动性更好的银行现金理财产品，而希望获取稍高收益的投资者可以考虑国债逆回购等理财产品。

第二，分散投资。虽然现金管理类产品的风险等级相对较低，但风险是客观存在的，所以投资者仍应遵循"不要把所有的鸡蛋都放在一个篮子里"的原则，将资金分散投资于不同的理财产品中，以降低整体风险。

第三，合理配置资产比例。投资者应根据自己的风险承受能力资金流动性需求以及投资目标，合理配置各类资产在投资组合中的比例。例如，风险承受能力较低的投资者可以增加货币市场基金和银行现金理财产品的配置比例，而追求更高收益的投资者则可以适当增加国债逆回购等投资产品的配置比例。

第四，注意费用和税收。投资者在选择现金管理类产品时，还需要注意相关费用和税收问题。不同理财产品的费用结构和税收政策可能存在差异，甚至差异较大，投资者需要仔细比较和选择，以确保投资成本合理。

第五，关注市场动态。市场环境和政策可能经常发生变化，进而影响现金管理类产品的风险和收益。因此，投资者需要保持对市场的敏感度，关注市场环境和政策变化对投资组合的影响，适时调整投资策略。

现金管理类产品以其高流动性、低风险和收益相对稳定的特点，成了众多投资者（特别是保守型投资者）的优选。然而，投资者在投资时仍需谨慎，明确投资目标，分散投资，合理配置资产比例，注意费用和税收并关注市场动态。只有这样，我们才能在保障资金安全的同时实现稳健的理财回报。

固定收益类理财产品：聚焦债权

- ☑ 固定收益类理财产品的特点
- ☑ 固定收益类理财产品的类型
- ☑ 固定收益类理财产品的投资策略

按照投资性质，理财产品可分为固定收益类理财产品、权益类理财产品、商品及金融衍生品类理财产品和混合类理财产品。 其中，固定收益类理财产品（以下简称固定收益类产品）是指主要投资于存款、债券等债权类资产，且这类资产的比例不低于80%的理财产品。这类产品与债权有一定关系，即与资金的使用成本有一定关系。

很多人一看到"固定收益类"的字样，就会想当然地认为这类产品的收益是固定的，代表着保本、保收益，只要买入就是万事无忧。

真的如此吗？

其实，"固定收益类"是指产品所投资的底层资产的性质，而不是指产品本身的收益固定。

那么，固定收益类产品的收益来源有哪些呢？以债券为例，其收益主要来源于两部分：

> （1）票息收入。
> （2）资本利得。

先看看票息收入。**票息收入，就是债券持有人按照面值和票面利率计算出的可以获得的固定利息。**

例如，小龙持有100元面值的一年期国债，票面利率是3%，那么一年到期后，小龙可以获得3元的利息，这3元就是投资债券的票息收入。一般情况下，债券的期限越长，票面利率也就越高，票息收入也就越多。

这里我们需要注意的是，**债券的票面价值和债券价格是两个概念，利息是根据票面价值乘利率计算所得，而不是按照债券价格计算所得。**

债券的发行价格受票面利率和市场利率的影响，不一定等于面值。比如100元面值的债券，其价格可以是100元，也可以是98元或101元等。

在这里，债券就是一种固定收益类产品，因为票息收入是固定的。但是，投资作为固定收益类产品的债券，我们不仅仅有票息收入，还有资本利得。

资本利得是指通过在二级市场买卖债券而获得的价差收益，也就是债券买入价与卖出价或买入价与到期偿还额之间的差额。卖出价或到期偿还额大于买入价所获得的收益为资本收益；卖出价或到期偿还额小于买入价所导致的损失为资本损失。

债券价格因市场利率、宏观经济环境等因素的变化而产生波动，从而形成价差。

还是以上述那张债券为例。假设小龙购买债券时价格为97元，一个月后，由于市场利率下行，债券价格涨到了103元。此时小龙选择卖出，获得的收益就为6元。这6元就是资本利得，是投资者通过把握市场机会、低买高卖而获得的收益。

由此可见，固定收益类产品并不等于收益固定，产品净值会随着债券等固定收益类资产的价格变化而发生波动。

固定收益类产品的特点如下：

> （1）收益波动较小。相较于权益类理财产品、商品及金融衍生品类理财产品，其收益波动幅度较小，产品管理人也会采用多种投资策略来平滑波动、

控制风险。固定收益类产品的收益相对比较平稳,不会因市场波动而发生较大变化。

(2)期限固定。固定收益类产品通常具有固定的期限,这意味着投资者需要在一定时间内持有该产品。如果投资者需要提前赎回,可能会面临相应的损失。

(3)流动性较差。固定收益类产品的期限较长,并且通常不允许投资者提前赎回,因此其流动性相对较差。投资者需要做好长期投资的准备。

对于风险承受能力较低的投资者来说,固定收益类产品是值得关注的理财产品。对于风险承受能力较强的投资者来说,固定收益类产品可以成为资产配置中的"安全盾",有效降低投资组合的整体波动性,分散投资风险。

固定收益类产品有哪些呢?

(1)国债。由国家发行的债券,其利率通常比其他债券低,但风险也较低,通常被认为是固定收益类产品的代表之一。

（2）银行定期存款。一种常见的固定收益类产品，利率通常较低，风险也较低。

（3）债券基金。一种投资于债券市场的基金，其风险和收益取决于所持有的债券类型和期限，通常被认为是固定收益类产品的代表之一。

（4）货币市场基金。一种投资于短期债券和其他低风险金融工具的基金，风险和收益相对较低。

除了上述几种常见的固定收益类产品外，市场上还有许多其他类型的固定收益类产品，如不动产投资信托基金（REITs）、资产证券化等。

如何选择固定收益类产品呢？

第一，了解自己的风险承受能力。在选择固定收益类产品时，需要了解自己的风险承受能力。如果风险承受能力较低，那么我们可以选择一些低风险的产品，如国债、银行定期存款等。

第二，考虑产品的期限和流动性。在选择固定收益类产品时，需要考虑产品的期限和流动性。如果需要短期资金周转，那么我们可以选择一些短期产品；如果需要长期投资，那么我们可以选择一些长期产品。同时，我们还需要考虑产品的赎回规则和提前赎回费用等。

第三，了解产品的发行方和担保方情况。在选择固定收益类产品时，需要了解产品的发行方和担保方情况。选择信誉良好、实力雄厚的发行方和担保方能够降低投资风险。

第四，比较不同产品的收益率和费用。在选择固定收益类产品时，需要比较不同产品的收益率和费用。不同产品的收益率和费用可能存在较大差异，投资者需要根据自己的需求选择性价比最高的产品。

第五，考虑产品的附加值。在选择固定收益类产品时，需要考虑产品的附加值。一些产品会提供额外的服务或优惠条件，如豁免手续费、提供优先购买权等，这些附加值可以增强产品的吸引力并提高其性价比。

总之，在选择适合自己的固定收益类产品时，需要考虑多方面因素，包括自身的风险承受能力，产品的期限和流动性，发行方和担保方情况，收益率和费用以及附加值等。在作出投资决策之前，投资者需要进行充分的市场调研和风险评估。

第三节

权益类理财产品：
聚焦股权

- ☑ 权益类理财产品的特点
- ☑ 权益类理财产品的类型
- ☑ 权益类理财产品的投资策略

权益类理财产品与权益市场密不可分，是指以股票、期货、外汇等权益类资产为主要投资标的的各类理财产品。这些投资标的的共同点是净值随市场波动，收益主要来源于资本利得。一般情况下，权益类理财产品（以下简称权益类产品）投资权益类资产的比例不低于80%。也正因如此，权益类产品与权益市场联系得更为紧密，其风险等级相对较高，通常为R3及以上。

顾名思义，权在前，益在后，首先得有权，但益不是能被保障的。

市场上与股票相关的理财产品基本上被称为权益类产品，如股权、股票。虽然你有权，但这些产品的价值是不固定的，会根据市场情况发生变化。

尽管目前权益类产品及含权理财产品的市场热度不低，但在整个理财市场上，权益类产品仍属于小众产品。

权益类投资具有典型的高风险、高收益的特征。

权益类资产以股票、股票型基金为主，与固定收益类资产相比，具有高风险、高收益、高流动性的特征。其中高风险、高收益的特征在A股市场尤为突出。

权益类投资在欧美具有相对成熟的市场。在欧美等成熟市场中，投资者以较为理性的机构为主，股价能够较好地反映经济环境、行业运行情况以及公司经营情况，价值投资理念盛行。

然而在A股市场，由于信息披露制度尚不规范，市场主体以散户为主，使得"炒股"成为中国的专有名词，总体投资风格是非理性的。因此，我国正在鼓励机构投资、长期投资，不断完善资本市场。

权益类产品包括股票、股票型基金、指数基金、基金中的基金（Fund of Fund，简称FOF）等。下面举例说明。

股票指的是股份有限公司为筹集资金而向股东发行的，以取得股息和红利的持股凭证。 每股股票代表股东对企业拥有基本单位的所有权。股东是指向有限责任公司或股份有限公司出资，享有资产收益权和参与重大决策、选择管理者的权利的个人或单位。严格来说，购买股票意味着投资股份有限公司，投资者也就成了公司的股东。虽然投资者买入股票就可以成为股东，但如果买入股票的数量少，除了资产收益权之外，投资者很难行使其他相关的股东权利，包括参与重大决策、选择管理者的权利等。

股票型基金又称股票基金，是一种将投资者的资金集中投资于股票市场的基金产品。该基金的投资组合主要由股票构成，基金管理人根据基金合同及对投资者风险承受能力的评估，在股票市场上进行股票买卖、投资、管理和运作，以获得资本的增值和收益的提高。按照相关规定，股票型基金的股票仓位不能低于80%。

指数基金是一种以拟合目标指数、跟踪目标指数变化为原则，实现与市场同步成长的基金品种。指数基金的投资采取拟合目标指数收益率的投资策略，分散投资于目标指数的成份股，力求股票组合的收益率拟合该目标指数所代表的资本市场的平均收益率。指数基金是成熟的证券市场不可缺少的一种基金。在西方发达国家，它与股价指数期货、指数期权、指数权证、指数存款和指数票据等其他指数产品一样，受到交易所、证券公司、信托公司、保险公司等机构的青睐。

基金中的基金是指以基金为投资标的的证券投资基金。它与开放式基金最大的区别在于，开放式基金以股票、债券等有价证券为投资标的，而基金中的基金则通过专业机构对基金进行筛选，帮助投资者优化基金投资效果。

那么，对于权益类产品，我们应该怎么投资？

首先，在购买权益类产品前，投资者需要综合自身的投资风格、风险偏好来关注不同的投资主题、投资范围和投资策略，从而作出投资决定。

决定投资后，投资者也要尽量控制风险。 投资者应选择有研发实力的机构以及业绩较优的管理团队，详细了解产品说明书，明确投资风险、投资方向以及投资策略，根据自身的风险承受能力选择相应的理财产品。

此外，投资是一个动态的过程，投资者要关注市场动态。 根据实际情况，投资者可以合理调整投资比例，注重分散投资，将鸡蛋放在不同的篮子中。

同时，部分权益类产品为封闭式理财产品，对资金流动性要求高的投资者需谨慎考虑。

而风险偏好较低的投资者不妨再退一步，选择含"权"比例更小的产品，如"固定收益+"、混合类产品等。

随着理财产品品类的不断丰富，投资者的选择空间也更加广阔。但无论选择哪种理财产品，投资者都应从自身实际出发，毕竟适合自己的才是"真香"。

第四节

商品及金融衍生品类理财产品、混合类理财产品

- ☑ 商品及金融衍生品类理财产品
- ☑ 金融衍生品类理财产品的特点
- ☑ 金融衍生品类理财产品的类型
- ☑ 混合类理财产品

➡ 商品及金融衍生品类理财产品

商品及金融衍生品类理财产品主要投资商品及金融衍生品等产品，例如原油、期权等。同样，投资这类产品的比例不低于80%。

商品类理财产品是指与黄金、奢侈品等实物挂钩的理财产品，其产品结构比较复杂，要求投资者具备较强的专业能力。

金融衍生品是一类基于基础金融工具衍生出来的金融合约，其价值取决于一种或多种基础资产或指数。这类合约的基本种类包括远期合约、期货合约、掉期（互换）合约和期权合约。

（1）远期合约是交易双方约定在未来的某一确定时间，以确定的价格买卖一定数量的某种金融资产的合约，是一种保值工具。

（2）期货合约是一种标准化合约，允许买卖双方在未来某一时间以特定价格买卖某种资产。

（3）掉期（互换）合约是一种协议，允许交易双方交换现金流，通常涉及货币、利率或商品的交换。

（4）期权合约给予买方在特定日期以特定价格购买或出售某种资产的权利。

这类合约的主要特点是零和博弈和高杠杆性，即合约交易双方的盈亏完全负相关，且交易所需的最低资金只需满足基础资产价值的某个百分比。

金融衍生品具有规避风险、价格发现等作用，是对冲资产风险的好方法。然而，这些产品在带来高收益的同时也伴随着高风险。即使风险较高，仍有人愿意承担相应的风险，这些交易者共同维护了金融衍生品市场功能的发挥。

金融衍生品类理财产品的特点包括保证金交易，即只需支付一定比例的保证金便可进行全额交易。这带来了杠杆效应，提高了投资的潜在收益，同时也放大了风险。

此外，金融衍生品的交易可以是标准化的，如期货也可以在交易所上市交易；也可以是非标准化的，如远期协议的交易具有较大的灵活性。

金融衍生品交易的风险管理包括微观金融主体的内部自我监管、交易所内部的监管以及政府部门的宏观调控与监管，以确保市场的稳定和公平。

银行在提供金融衍生品类理财产品时，会针对特定目标客户群开发设计并销售资金投资和管理计划。这些产品允许客户承担一定的投资风险，同时也有机会获得较高的投资收益。银行在其中扮演的角色主要是获取客户的授权管理资金，而投资风险与收益则由客户或客户与银行按照约定的方式承担。

金融衍生品的特点如下：

（1）跨期性。金融衍生品是交易双方通过对利率、汇率、股价等因素变动趋势的预测，约定在未来某一时间按照一定条件进行交易的合约。无论是哪一种金融衍生品，都会影响交易者在未来一段时间内或未来某时点上的现金流，跨期交易的特点十分突出。

（2）杠杆性。金融衍生品的交易一般只需要交易者支付少量保证金或权利金，因此其承担的风险与损失也会成倍放大。

（3）联动性。金融衍生品的价值与合约标的的资产价值紧密相关，因此金融衍生品的资产价格与标的资产价格具有联动性。例如，股价指数期货与对应指数之间的走势就存在高度关联性，经常相互影响。

（4）高风险性。基础产品的价格本身诡谲多变，而交易者对基础产品未来价格的预测和判断的准确程度在金融衍生品的交易中会受杠杆效应的影响。这是一个真正的"零和游戏"。

● 混合类理财产品

混合类理财产品投资于债权类资产、权益类资产、商品及金融衍生品类资产，且任一资产的投资比例未达到前三类理财产品的投资标准。

多种类投资可以分散风险，即使投资其中一种导致亏损，还有债券可以稳定收益。 由于种类多、方向灵活，我们很难判断其具体风险水平。按同类产品银行业绩估算，混合类理财产品的收益率在3%~7%，波动很大。

- 副业即"富业"
- 副业的制胜法则
- 副业"转正"的三条路径

扫码踏上"铁赚"之路

第七章

副业

业余时间"不业余"的创富手段

第一节

副业即"富业"

- ☑ 副业
- ☑ 主业
- ☑ 兼职

近几年来，副业逐渐兴起，很多人在做好本职工作的同时，还在从事一份副业，如短视频带货、网络直播、网络小说创作、自媒体文章撰写、视频剪辑、插画设计、摄影以及家庭教育指导等。年轻人从事这些副业不仅能获得更多的收入，还能丰富自己的业余生活。

为什么副业开始流行起来呢？主要有以下几个原因：

一是经济波动、技术变革、行业竞争加剧等给部分市场主体带来冲击，因此，这些市场主体可能会采取降薪甚至裁员的举措，从而对就业人员的收入造成一定影响。在此环境下，许多年轻人选择通过副业来拓宽自己的就业渠道，以应对可能出现的职业变动所带来的冲击。同时，选择适合自己的副业，有利于充分发挥自己的潜能，拓展自己的职业技能和经验，提高职业竞争力。

二是互联网的普及和新媒体技术的快速发展，催生了许多新兴行业和领域，为年轻人提供了众多的副业选择。例如，新媒体技术的迅猛发展为年轻人的业余创作提供了大量平台、技术和工具；随着政策支持力度加大和技术进步，跨境电商得到了迅速发展，为许多人提供了成功开展副业的机会。

三是随着技术的发展和时代的进步，个体开始崛起，个体作为社会最小单元的作用和影响力得到了更多尊重。微信公众号的口号"再小的个体也有自己的品牌"就是这个意思。如今，很多人可以通过展示自身的兴趣、爱好、特长，输出价值，打造个人品牌和影响力，并以此变现。此外，副业也能为他们拓宽社交平台和展示平台，满足他们提升生活品质和实现个人价值的需求。

从某种意义上说，副业属于新型灵活就业。《2023中国新型灵活就业报告》中提到，新型灵活就业已经成为传统就业的重要补充，甚至在个别特定行业或职业中已经占据了主要地位。

副业是相对于主业来说的。主业是一个人为了生存和发展主要从事的职业活动，是人的安身立命之本。副业则是指在主业之外从事的业务活动。

一个人从事副业的目的，包括增加收入、补贴家用、提升能力、促进个人发展、丰富生活、增添生活乐趣以及陶冶性情等。

对于多数人来说，从事副业最重要的目的是创造更多财富、补贴生活支出、提升生活品质。

➡ 副业的特点

第一，次要性。既然为副业，那它的重要程度就应该低于主业。这就是次要性。主业以获得维持个人生计所需的基本收入或以谋求职业发展为目的；而副业则以提高生活水平为目的。一般情况下，人们会把收入较多且稳定的职业当作主业，而把收入较少且不稳定的职业当作副业。

第二，时间短。正常情况下，从事副业的时间要比从事主业的时间短。事实上，主业副业之间的界限也会变得模糊，很多人对副业投入的时间和精力，以及获得的收入都会超过主业，在这种情况下，主业副业就很难区分开来。

第三，变动性。主业较为固定，副业则容易变动。主业的目标是安身立命，副业的目标是锦上添花；"安身立命"更稳定,"锦上添花"则因时而异,可以灵活调整。

➡ 副业与兼职的区别

很多人认为,自己做个兼职,就是开展副业了。在很多时候,"副业"和"兼职"这两个词常被混用,一般情况下这并没有什么问题。但是在我看来,副业和兼职有一定的区别。

第一,副业更注重"业"。兼职的含义更为宽泛,只要在业余时间做任何与赚钱相关的活动,都是兼职。但副业重点突出"业",这个"业"是专业、职业、志业,具有"事业"的含义,是一个与兴趣、志向相关的概念,具有一定的稳定性和持久性。

例如,偶尔帮人制作PPT(幻灯片)并且获得收入,这算是兼职;但如果在长时间内以较高的专业度为市场上的需求者设计PPT并且获得收入,可以称之为副业。

第二,副业更注重价值创造。副业更突出创造性、创新性、积累性,具有一定的杠杆效应,随着经验积累,能够创造出更大的价值。但兼职更突出体力和时间的付出,不追求杠杆作用,收入为"计件工资"。

例如,如果一个人业余从事网约车的业务,我们可以认为他在做兼职，因为他的收入是按照单量和单价来算的。但如果一个人业余创作网络小说以期在未来获益，那么他的收入来源既可能是阅读量，也可能是实体书的销量，他的收入应该是没有天花板的，具有一定的杠杆性，所以我们认为这种创作行为属于副业。

第二节

副业的制胜法则

- ☑ 发现从事副业的误区
- ☑ 找到从事副业的正确姿势

副业本质上是一种赚钱的方式。

很多人热衷于副业,因为它既能够让自己赚到钱,又能够让自己的业余生活更充实。但是,做副业也存在一些误区。

▶ 副业影响主业

什么是主业?主业就是一个人安身立命的职业,是个人职业发展的重心。**我们一生中最重要的事情之一就是做好主业。**

做好主业,就是围绕主业,投入主要的时间和精力,以提升技能、拓展资源、提高绩效,拓宽职业发展道路,追求更好的发展。

如果副业侵占了发展主业的时间和精力，甚至在从事主业的时间之内发展副业，那么不仅可能做不好副业，还可能影响了主业的发展。

很多人在上班期间"摸鱼"，干点副业，实际上是对雇主的不忠诚，还可能影响自己的职业发展，最终使自己陷入主业发展不好、副业也没有收获的尴尬境地。

◆ 副业得不偿失

很多人虽然热衷于副业，但从现实情况看，他们在副业里赚到的钱，与个人投入的时间和精力是不匹配的。

例如，有的人喜欢在下班之后和周末去跑网约车，也许每天能够赚几百元，一个月能够赚几千元，这几千元对于补贴家用、提升生活水平是具有积极作用的。也就是说，副业是有"收益"的。

但是，不计成本的收益不能叫作收益。**我们在获得所谓收益的同时，一定要看看成本**。如果把大量业余时间用在副业上，我们可能付出的成本有：

第一，错过对家人的陪伴，特别是对孩子和年迈老人的陪伴。长期没有陪伴老人和孩子，是金钱也很难弥补的。

第二，错过用于自我学习和成长的时间。除非个人收入已经难以支撑家庭支出，如难以支撑衣食住行的支出，特别是难以支撑房贷、车贷和治病等方面的大额支出，那么，在大多数情况下，年轻人将业余时间用在自我学习和成长上，是在做收益更大的投资。一味把业余时间用在副业上不利于个人能力的提升，从而掣肘未来人生的发展，代价过大。

"把时间用在刀刃上"是一个值得每个人思考的问题。年轻人既不能肆意挥霍时间，也最好不要把时间用在收益低、附加值低的事务上，要权衡时间投入的成本收益。提升个人能力在很多时候可以获得更大的收益。当然，如果副业有利于提升我们真正所需要的能力，那将是一个很好的选择。

第三，对健康产生负面影响。一个人在从事主业之外，需要有适当的休息，帮助自己迅速"回血"，为迎接新的工作目标和任务做好准备。但有些人的副业占用了过多的时间，以至于影响了休息，从而对健康产生严重的负面影响。

由此可见，通过副业赚钱不一定都是好事，一定要看看付出的成本。 只有收益和成本相匹配的副业，才是值得我们考虑从事的副业。

➡ 副业低效无效

很多人从事副业，其实是低效甚至无效的。

一是三天打鱼，两天晒网。今天干点这个，明天干点那个，没有积累、没有深度、没有难度、没有专业。"打零工"在有些时候是有必要的，但接受过一定教育的年轻人尽量不要业余时间在"打零工"。

二是收入微薄。一些副业对于改善生活、积累财富并没有什么意义。有些人能够通过副业赚到一些钱，这些钱对于生活品质的提升没有什么实质意义，但他们付出的成本却是巨大的。

三是工作简单、低效、重复，没有上升空间。如何判断工作是简单、低效、重复的？我们要看如果长时间持续从事这项工作，单位时间内的收入水平会不会提升。

例如，开网约车相当于按单计件收入，且未来收入水平不会因为驾驶水平提升、单价提升而显著提升。这项副业可能就是简单、低效、重复的。注意，这里只是提供一个评价标准，从副业效率的角度进行评判，并不意味着开网约车没有价值（网约车为全社会创造了诸多福利）。

● 什么是从事副业的正确姿势

副业兴盛是新型灵活就业政策实施和环境良好的体现，对职场人士获得更多财富、丰富业余生活、提升个人技能具有重要意义。但我们也要注意，从事副业有一些盲区和误区。

我们要理解"副业要服从主业"。一个人的主业非常重要。它是一个人的志业和立身之本，是值得终生追求和奋斗的事业。如果我们不能确认这一点，那就应该思考一下：我们的主业到底是什么，值得我们终生追求的事业到底是什么，是否需要变更主业。从这个角度上看，副业应该是临时性、阶段性的工作，不能让副业影响主业，否则可能因小失大，捡了芝麻丢了西瓜。**除非我们愿意把副业变成主业。**

在这里，就必须考虑以下几个问题：

第一，在确保主业不受影响的情况下发展副业。主业应该是主要的事情，副业是次要的事情，次要要服从主要。主业要作为优先发展的业务，在完成主业后仍有时间和精力的情况下，我们可以选择一项副业。

在选择副业的时候，我们可以优先选择符合主业发展方向的副业。例如，如果我是一个平面设计师，那么我从事的副业可以与平面设计相关。当然，如果为了满足丰富生活、享受乐趣、提升技能的需要,我们也可以尝试其他副业,但副业不能在时间和精力上和主业相冲突。

第二,副业要计算成本和收益。从经济学的角度看,任何行动都应该计算成本和收益。对于副业,我们既要看到收益,更要计算成本,例如付出的时间、精力成本,特别是机会成本。这里有几层含义:

> (1)是否必须从事副业。
> (2)从事何种副业。
> (3)从事某种副业的收益和成本的比较。

如果想做短视频博主,我们可能要付出很多成本,特别是时间成本,还需要在账号定位、创作内容、技术运用上投入大量精力,而且必须持之以恒。特别是如果我们想做一个能够赚钱的短视频博主,就必须积累足够多的、精准的粉丝。如果我们难以抵达这个赚钱的临界点,收益和成本不匹配,那就没有必要从事这项副业。

第三,副业要具备复利和杠杆效应。我们应该如何理解这两种效应?

> （1）复利效应。随着从事某项工作的经验的持续积累，我们进步的速度会越来越快。
>
> （2）杠杆效应。我们从事副业带来的影响力和美誉度会持续提升，以至于仅仅依靠这种影响力和美誉度，我们就会赚到越来越多的钱。

首先谈谈复利效应。例如，我们业余从事插画师的工作，随着投入的时间越来越多，经验越来越丰富，增长曲线越来越陡峭，作品质量和生产效率的提升速度会越来越快。

再谈谈杠杆效应。例如，我们业余从事微信公众号文章的写作，文章被很多读者喜欢，通过这些读者的推荐、转发，我们能够让自己的影响力越来越大，由此，我们可以打造个人品牌。也许，我们还可以成为某个领域的专家，如国际时事评论专家、心理咨询专家、两性情感专家等，而这种专家身份也是能够变现的。

在这里，我希望从事副业的读者**要树立一个目标——在细分领域中成为一个有一定影响力的专家**。这就要从复利效应和杠杆效应的角度去考虑我们的副业，以简单、低效、重复为主要特点的工作不应该成为我们的副业选择。

我们应该选择的副业是什么呢？**有一定技术门槛、但经过努力能够掌握的，容易积累形成复利效应的，可以通过演讲、创作、发表作品等方式打造个人品牌的副业。**例如，从事心理咨询的副业就具有上述特点。我们可以考取心理咨询相关资质，跨越技术门槛，不断积累心理咨询案例，丰富经验，让自己的能力得到越来越快的提升，从而成为真正的专业人士。同时，我们可以利用网络平台传播我们的案例、思想和观点，帮助读者，也通过读者影响更多读者，让个人的知识、个性、魅力在更多地方、更多人群中产生更大的影响，从而打造心理咨询专家的品牌。

在这里，我推荐一些有价值和潜力的副业方向，供大家参考。

（1）短视频博主。

（2）网络平台内容创作者。

（3）心理咨询师。

（4）设计师。

（5）线上教育培训讲师。

……

第三节

副业"转正"的三条路径

☑ 深化认知

☑ 做好准备

☑ 做好过渡

当你的副业收入接近甚至超过主业，发展主业和发展副业相互冲突，同时你认定这项副业是值得自己长期发展的业务时，就可以考虑将副业"转正"了。

一个人的副业做得如此之好，我们可以推断出这项副业很有生命力，值得深入发展。未来，我们是否可以放弃原来的主业，将这项副业作为新的人生理想和志业？

答案是：可以。

长期从事副业并且取得一定成绩的人，会对副业有比较深刻的理解，甚至超过对主业本身的理解。这种深刻的理解可以帮助副业"转正"。如果我们经过长期的实践和尝试，发现了副业的优势，并能够使其成为一种经得起考验的发展方向，同时确认该副业具有较大的发展潜力和空间，完全可以对职业发展进行重新规划。

此外，对于许多人而言，副业往往是作为一种兴趣出现的。在从事副业的过程中，人们能够享受乐趣，最大化地激发潜能，进而将副业做大做强。

可以说，副业"转正"具有较高的可行性。毕竟，对于一些人来说，此前所谓的"主业"源于所学专业、他人安排或未经体验、实践和思考的选择，如果能够通过副业发现自己真正的志业，确实善莫大焉。

那么，如何实现副业"转正"呢？

➡ 深化认知

首先要思考、评估这项副业是否符合个人的兴趣、志趣。询问自己的内心，这项副业是否为自己真正的兴趣所在。兴趣是最好的老师，能够激励我们攻坚克难、探索未知。兴趣也是一面旗帜，能够引领一个人走向胜利。

其次要评估这项副业的前景。考虑市场需求是否可持续，是否在可见的未来依然强劲；考虑自己能否在市场上提供有竞争力的产品和服务；考虑自己的工作是否有被人工智能等技术取代的可能性。例如，如果我们从事翻译工作，那么随着各种即时翻译软件的出现，这项副业就有很大的可能性被取代。我们在思考副业"转正"的时候，应该把技术进步的影响考虑在内。

● 做好准备

相对于副业，主业是有很多优势的。例如，稳定的产业链资源能够让业务稳妥、持续；成熟的团队可以帮助组织持续发展；成熟的产品和服务在市场上已经稳稳立足等。

==在这种情况下，我们要将副业"转正"，就应做好发展副业的准备，至少应做好心理准备，以应对产品、业务和市场的挑战。==

例如，如果要将插画师的副业"转正"，那么在"转正"之前，你是否有比较固定合作的出版社、传媒公司，在"转正"之后，订单量是否足够多，业务是否可持续，这些都是需要考虑的问题。

➡ 做好过渡

我们要将副业"转正",应该做好过渡。在不确定是否能够做好副业之前,建议不要离开主业。毕竟,在没有放弃原有主业之前,它依然能够为你提供稳定的收入,依然可以做你的安身立命之本。

<u>**最好的状态是能够实现从主业到副业的平滑过渡**</u>。在过渡期,只要你还是主业的从业者,就应该做到副业不影响主业。因为这个时候依然是为雇主提供服务的时期,做好本职工作是岗位要求,也是职业精神的体现。

- 创业的意义
- 低成本创业
- 一人企业的无限可能

扫码踏上"铁赚"之路

第八章

创业

创造财富的无限可能

第一节

创业的意义

- ☑ 为什么要创业
- ☑ 创业者的素质

2015年,《国务院关于大力推进大众创业万众创新若干政策措施的意见》提出,推进大众创业、万众创新,是发展的动力之源,也是富民之道、公平之计、强国之策,对于推动经济结构调整、打造发展新引擎、增强发展新动力、走创新驱动发展道路具有重要意义,是稳增长、扩就业、激发亿万群众智慧和创造力,促进社会纵向流动、公平正义的重大举措。

在过去十年内,人们创业时得到了很多政策的鼓励。对于有能力和有潜力的个人来说,创业是激发潜能、提升能力、创造财富、实现人生价值的一个选项。

为什么要创业呢?

第一,激发潜能。每个人都有自己的潜能,有些人有很强的商业嗅觉；有些人在整合资源方面有天赋；有些人在组织和管理方面有才能；有些人在产品和服务创新方面有较强能力；有些人在某些专业技术领域富有才能等。

但是在日常生活中，以及在受雇于某家企业期间，受限于企业发展规划、岗位要求等，我们的潜能也许很难发挥出来。但是，如果一个人去创业，在各种管理压力、创新压力、市场压力之下，这些潜能可能就会很快发挥出来，让自己从一个普通的职场人士迅速成为一个优秀的创业者。

这就好比小时候，我们在一个浅浅的泳池里学游泳，游泳圈、漂浮板等辅助泳具一应俱全，教练和父母会目不转睛地守在身边，确保我们绝对安全。我们会有进步，但进步不会太快，因为我们遵循的是渐进式、日积月累式的学习模式。

第二，提升能力。很多人在创业前可能只具备单一或少量的技能，应对单一、专项的业务。也许他们会在专业能力上得到精进和提升。但是，如果他们去创业，那么能力提升将是迅速的甚至是指数级的。因为创业是一件极其困难、极具挑战的事情，产品、服务、战略、管理、渠道、市场、品牌、人力、资本、资源……这些都是创业者必须考虑的工作。虽然未必事必躬亲，但这些工作都是创业者必须了解和熟悉的，也是必须把控的。至少对于一个初创企业的创始人来说，这些工作很可能都是需要亲自上手的。

我们听过无数企业家创业的故事，很多人表示自己曾经亲自上手干活，包括亲自拧螺丝、写宣传文案、设计广告等，亲自干过每一个岗位，成了完完全全的"六边形战士"。

如果想提升能力，我们可以去学习、实践，而最好的实践就是去创办一家企业。这能够帮助我们全方位地提升能力。

第三，创造财富。 创业成功给创业者带来的财富是可观的，可能是打工人收入的10倍、100倍、1000倍、10000倍，甚至更多，这一点无须赘述。

对于许多创业者来说，创业的初衷就是实现财富自由，这一点无可厚非。做一个打工人，虽然压力比自己当老板要小得多，但是要想获得丰厚的回报、实现财富自由基本上是不可能的。而创业是有一定可能性的。

第四，实现人生价值。 有一些人是带着使命感去创业的，就像乔布斯践行着"活着就是为了改变世界"的准则，马斯克希望把人送上火星等。确实，对于很多有抱负的人来说，打工并不能帮助他们实现抱负，而实现抱负最好的途径就是创业。

因为创业的本质在于"创"，"创"是创新、创造、创始，创业者具有很高的自由度，完全可以按照自己的理想，对自己的产品、服务和商业模式进行设计、布局，把某项业务作为自己的事业全身心投入，最终实现自己的抱负和人生价值。

马斯洛的需求层次理论指出，自我实现是最高层次的需求。一个人希望最大限度地发挥自身潜能，不断完善自己，完成与自己的能力相称的一切事情，实现自己的理想。为满足自我实现需求所采取的途径是因人而异的，但都需要我们努力发挥自己的潜能，使自己逐渐成为所期望的样子。

创业，正是自我实现的最佳路径之一。

但是，创业谈何容易！

任何行业都遵循着二八定律，也就是前20%的人赚了这个行业80%的钱。那么在同一行业、同一时间里，有人赚到了钱，有人赚不到钱。因此，创业成功的人往往只有行业中的前20%。而在众多行业中，具有发展潜力的行业更是寥寥无几，创业失败是大多数人的常态。这也是很多人只能当或选择当打工人最主要的原因。

如果创业的成功率很高，大家都当老板，那谁来帮老板打工呢？这是不合理的。世界上雇主少、雇员多，是符合经济社会发展规律和资源配置规律的。雇主少，成功的雇主更少。所以，创业当老板并不是一件容易的事情。

创业者要具备什么样的素质呢？

第一，强烈的创业精神。

成功的创业者具备强烈的创业精神，他们渴望成功，对创业充满激情和热爱。如果我们只是因为工作不如意，或者被裁员，或者仅仅为了满足好奇心，就脑子一热去创业，显然是不合适的。

当我们有了强烈的创业愿望，并对此有坚定的信念，对创业的成功和失败有基本认知和判断的时候，我们就对创业有了基本的心理准备，也就是说我们具备了一定的创业精神。

第二，敏锐的商业洞察力。

我曾经跟一位成功的创业者交流，他从高中开始创业，大学期间就已经创业成功。他说，他一个人在街上走几分钟，就能发现好几个商机。**这就是商业洞察力。商业洞察力最重要的是发现商机的能力。**

发现市场需求的能力是第一能力，创业者必须有独到的眼光和深刻的洞察力。为什么很多人当不了老板，其中很重要的原因是他们只是商品和服务的消费者，而不是生产者和提供者。简而言之，他们只会买东西，不会卖东西。

卖东西的前提是有东西可以卖。阿里巴巴提供的是平台；农夫山泉卖的是水和果汁；新东方卖的是课程；康师傅卖的是食品；安踏卖的是运动服和运动鞋；而网络主播们卖的是全世界的产品。这些产品是自己生产的，还是别人生产的？如果是别人生产的，那就简单很多。如果卖的产品是自己生产的，那就更复杂了。

此外，卖东西还必须解决怎么卖的问题。世界上的商品不计其数，即使是同类商品也有千千万万，别人为什么买你的商品，而不买其他人的？这就涉及怎么卖的问题。

总而言之，商业洞察力是创业者的首要能力。

第三，整合资源的能力。

创业者是市场的组成部分，面对的是整个市场。在销售端，他要面对消费者、需求方；在生产端，他要面对产业链的上下游企业，面对大量的合作者和竞争者。**要为整个市场提供合格的甚至是有竞争力的产品或服务，他就必须整合嫁接社会和市场资源。**

例如，一家服装厂商必须在原材料、配件、研发、设计、组织、管理、品牌、电商平台、线下门店等方面整合所有能够参与其中的资源，并将所有资源注入企业中。

第四，组织管理能力。

创业者必须拥有组织和管理一个团队的能力。这个能力包括领导力、组织力等。如果我们不能团结和引领一个团队朝着组织确定的方向去努力的话，那我们就不适合创业。

例如，如果我们不能用制度和文化来凝聚一个团队，用发展的愿景来激励一个团队,那就难以组建起一个市场主体。

第五,强大的心理素质。

创业过程中难免会遇到困难和挫折,**成功的创业者具备强大的心理素质和意志力,能够坚持到底。**

创业实属九死一生、九败一胜的事情,创业者只有拥有坚定的意志和强大的心理,才有可能战胜困难,迎来成功。

第二节

低成本创业

- ☑ 实体属性低
- ☑ 边际成本为零
- ☑ 具有杠杆效应

创业的风险很大，这是事实。但只是因为风险大，我们就不创业了吗？

对于创业，我们必须保持清醒的头脑，因为如果冲动地去创业，大概率会成为分母，衬托那些少数的成功者。

仔细思考一下，我们创业的风险体现在哪里？在于投入成本过高而收益过低、没有收益甚至出现亏损。现实市场的变化让我们没有取得预期的收益，这就是所谓的风险。

要降低风险，我们除了要尽量提高收益之外，还有一条道路——**降低成本，实现低成本甚至是零成本创业。**

这里就必须对创业的成本进行分析。创业的成本包括什么呢？我们可以以创办一家企业为例进行分析。

➡ 直接成本

直接成本是指与特定产品或服务直接相关的成本。 直接成本包括直接材料费用和直接人工费用。

> （1）直接材料费用：直接用于产品生产，构成产品实体的原材料等费用，包括制造商采购零件、部件和原材料的费用等。
>
> （2）直接人工费用：直接从事产品生产的工人工资、奖金及福利费等。

➡ 间接成本

间接成本则与直接成本相对，它们通常不直接与特定的产品或服务相关联，无法直接归属于某一具体产品。 这些成本通常涉及企业的运营和管理活动，对企业的发展至关重要。间接成本包括市场营销费用、管理费用、研发费用和财务费用等。

> （1）市场营销费用是指企业为了推广和销售产品或服务而发生的费用，包括广告费用、销售人员的

工资、奖金以及市场调研费用等。

（2）管理费用是指企业为了维持日常运营和管理而发生的费用，包括租金、水电费、保险费、法律费用、管理人员工资和差旅费用等。

（3）研发费用是指企业为了开发新产品或改进现有产品而发生的费用，包括研发人员的工资、实验费用和技术许可费用等。

（4）财务费用包括利息支出、汇兑损失等。

➡ 其他成本

除了直接成本和间接成本之外，企业还可能面临一些其他支出，如税费。税费是指企业应支付的各种税款，包括所得税、增值税等。这些税费根据企业的盈利情况和法律规定进行计算，可能对企业的盈利产生重大影响。

一般而言，创办一家企业都需要支出上述成本。如果在创业过程中，上述费用必须全部支出，那么成本将是巨大的。

在市场上，如何降低创业的成本呢？最重要的是选择对的创业方向。如果选择的创业方向是重资产投入的项目，那么我们就要将成本花在厂房、原材料、设备等上，但是我们能否通过选择一个不需要投入这些成本的创业方向，降低总体上的企业成本，最终实现低成本创业呢？

第一，选择实体属性弱的产业。

创业风险高的一个主要原因就是**实体属性过强，造成实体支出过大、成本过高**。例如，原材料价格上涨，产品积压，供应链断裂，市场销售困难，店租、水电费高等，这些都是实体属性过强带来的结果。如果在创业的过程中，尽量减弱实体属性，就有可能降低一大半成本，甚至将成本降为零。

例如，线上教育领域不需要实体店面，不需要购买原材料，不需要进货，只需要一个可以直播授课的场所，在自家的书房或卧室就能够完成录制或直播。又如，短视频和网络直播领域也不需要很强的实体属性，创业成本很低，甚至为零。

第二，选择边际成本为零的产业。

对于一些产品，生产第一份的时候需要较高的成本，但复制第二份、第三份甚至第一万份的时候，**增加的成本很低，甚至为零，也就是说这类产品的边际成本很低甚至为零。**

如果我们从事的是图书出版业务，我们生产一本书需要支付稿费、编辑费、排版费和印刷费等费用，但是我们将这本书进行复制，卖给一万个人、一百万个人的时候，增加的成本其实是很低的，几乎只有印刷和运输的费用。

如果我们从事的是在线教育领域的业务，我们录制的课程可以零成本复制给无数的学员。

微软卖软件，在软件设计出来后，卖得越多，边际成本就会越趋近于零。

淘宝做C2C（个人与个人之间的电子商务），平台搭建好后，即使有再多商家进入，边际成本也趋近于零。

百度做搜索，网站做好后，即使再多人来搜索，边际成本也趋近于零。

你当主播、做网红，即使再多人来看，投入的增长也趋近于零，而收入是呈指数级增长。

对于付费音乐，前期进行创作时需要投入人力与资源，后续每卖出一份，边际成本都趋向于零。

第三，选择具有杠杆效应的产业。

一些商业模式是具有杠杆效应的，**能够通过一项业务带动更多的资源，而这些资源又可能带来更大的商机。**

例如，我们在微信公众号上撰写的文章被读者看到，通过这些读者的转发、推荐，又可能被更多人看到。在很多时候，一篇好文章可能带来几十万甚至几百万的阅读量。可以说，这篇文章就是一个杠杆，帮助作者撬动了大量的资源。

又如，我们可以在短视频平台上，通过持续输出作品，打造个人品牌。随着粉丝量的增加，个人的影响力不断增大，我们最终可能获得可观的商业价值。这时可以说，个人品牌就是一个杠杆。

所以，在创业中，要实现低成本创业，最重要的是尽量弱化实体属性，使产品和服务的属性偏向于虚拟，这将大大降低成本。

在低成本、零边际成本甚至零成本的商业世界中，风险是很低的，但收益却没有天花板。

第三节

一人企业的无限可能

☑ 一人企业的特征

☑ 一人企业的时代机遇

☑ 如何打造一人企业

我有一个毕业于国内顶尖名校的朋友，他是几年前创业大潮中的弄潮儿，有自己的核心技术和产品，创业初期非常顺利，融资好几轮，一路直奔着上市去的。

但最近和这个朋友聊天，他抱怨做企业太难了：一方面行业进入下行周期，市场萧条；另一方面企业运行成本太高，管理几十个人，真是负重前行。

他跟我说："我感觉我在给这些员工打工，而不是他们给我打工。一个人管自己，吃饱了全家不饿，不用操心其他人。"

近几年来，你有没有听到这样一些话：

"房租、水电费交完，就不剩钱了。"

"养不起员工了，去年把工资发完，亏了几十万元。"

"还当什么老板，我单干还能多赚点。"

实际上，有很多公司，甚至一些上市公司，看起来规模大，有几百人、几千人、几万人，但一年下来可能都是亏损的。

但只有一个人或者几个人，一年却赚几百万元、几千万元的公司，还是有很多的。

在经济波动期，企业运行会面临很多困难和问题。特别是一家规模较大、员工较多、管理和运行成本较高的企业，在面临行业下行压力的时候，是积重难返的，被各种支出压得喘不过气来。

创业企业在扩张之后，成了一家初具规模的公司，看起来很风光，但可能面临高昂的运行成本。如果产品和服务的市场竞争力不强，叠加市场下行压力，企业就会陷入困境甚至绝境。

创业难，风险高，九败一胜，九死一生。对于能力、资源并不突出的创业者来说，创业是很困难的事。

普通的企业初创者要对企业的定位、规模、商业模式有深刻的认识。

这里有一个思路，那就是成立"一人企业"。

互联网咨询顾问、创业教练保罗·贾维斯出版了一本书，叫作《一人企业：一个人也能赚钱的商业新模式》。作者曾为许多国际运动员打造个人网络形象，也为多位企业家打造线上个人品牌。作者提出的是一种不以规模增长为目标，而以向客户提供价值为主的经营模式，这就是"一人企业"。

一人企业的主要特征就是把保持小规模作为终极目标。传统企业追求的是利润持续增长，通过不断融资来扩大自己的规模。然而有调查显示，绝大部分企业都"死"于扩张得太快。

将增长作为企业的首要目标是糟糕的商业战略。一家企业的目标和其投资者的目标并不能总是保持一致。更糟的是，投资者的想法不一定有利于企业的终端客户，甚至往往背道而驰。

一人企业不追求增长，所以可以做到不被资本掌控，让企业的短期目标和长期目标保持一致。

● 一人企业的特征

保罗·贾维斯认为，企业通常利用各种系统、自动化和流程来建立一个长期业务，在工作之外、在一对一的关系之外运营和获利。而一人企业在具备企业的基本能力的同时，突出了四个典型特征：适应力、自主性、速度和精简。

第一，适应力。企业运行变化莫测，我们要做好适应一切的准备。一人企业在应对外部变化的过程中，因其规模小、生产要素简单、运营管理灵活，而具备较强的适应力。

第二，自主性。在一人企业中，你自己就是老板，不会有人督促你完成任务，也不会有人让你学习新东西或精进专业技能，工作时间完全由自己掌控。这个时候就需要有更强的自主性，合理安排好工作时间，自主掌握时间，主动创造不被打扰的工作时间，保持工作效率。

第三，速度。大企业中复杂的流程往往会使一件事的推进速度慢下来，即使有一些成熟的企业管理软件，这在层级复杂、利益诉求不同的企业中也很难解决。企业管理是一件复杂的事情，员工的管理、培训需花费大量的精力，处理不好甚至会给企业带来负面影响。速度更能体现出一人企业的优势。在一人企业中，速度体现在高效工作、迅速响应客户、迅速作出战略调整上。一人企业的员工越少，外部融资越少，就越能轻装上阵、迅速反应。

第四，精简。在一人企业创立之初，可以精简自己的产品，不需要花哨的功能，先满足一部分客户的核心诉求。简单的规则、简单的流程和简单的解决方案常常会让一人企业轻松胜出。

➡ 一人企业的时代机遇

回顾从改革开放到今天的40多年历史,当今时代是创业者的黄金时代,更是个体创业、一人企业发展的黄金时代。这从基础设施建设和科技发展两个角度能看出来。

一方面,当今我国商业基础设施堪称完善乃至发达。 当前,我国快递物流、电子支付、网络协作平台都已非常发达,甚至超过了多数发达国家。在很多领域,特别是在一些轻资产、技术门槛不高的领域(如网络销售、虚拟经济等领域),一个人可以掌控从获客、生产、销售到交付的关键商业环节,甚至可以完成整个商业闭环。

另一方面,我国互联网发达, 很多业务都可以通过网络协作来完成。一些产品的定制、生产、交付都可以以外包的形式通过网络渠道来实现,不需要自行建立生产线、租厂房和雇佣员工。随着社会分工越来越细化,很多工作都可以外包。例如,出纳、会计这些业务完全可以外包。

双簧剧《洗脚城》里有这么一句台词:"开张了啊,金盆洗脚城。董事长、总经理、出纳、会计、迎宾、保安,全是我一个人……"初听这句话,觉得挺搞笑,这很不正规啊!今天看来,如果一个人就能够把这个洗脚城做起来,那真是有一定水平的。通过社会协作的方式，我们还是能够在人员很少的情况下把"金盆洗脚城"开起来，也能够将成本和风险降下来。

从雇佣成本看，企业除了要给员工薪资，还要每个月替员工交社会保险，以及承担各种培训、管理费用，这些成本对于规模小、利润薄的企业来说可能是负担很重的。但还是有很多老板喜欢养很多人充门面，事实上又赚不到什么钱，自己又累又焦虑。

此外，基础设施的完善和技术的进步也为我们创立和发展一人企业奠定了坚实的基础，创造了良好的前提条件。

➡ 如何打造一人企业

第一，做好定位。

一人企业不以规模增长为目标。每家将规模增长作为首要目标的企业，都应该反思自己的商业战略。股东的利益跟企业的可持续健康发展并非总是一致。企业的首要目标是生存，第二大目标是持续生存，而股东（特别是大股东）在追求利益的道路上往往更急功近利，可能会做出一些短视的、杀鸡取卵的举动，这些都不利于企业的发展。特别是有一些企业被资本绑架，这是企业发展的重大风险隐患。

所以，在创立一人企业之前，我们就应该明确一人企业必须是一人能够完全和绝对掌控的企业。

一人企业规模相对较小，这就要求我们做好定位。企业的定位要很细、很精准，否则就容易沦为"大路货"。你的产品和服务不要面向所有人，而要锁定在一小部分特定人群上。定位越精准，就越容易赢得客户的信任。

例如，如果做自媒体，是拥有100万粉丝好，还是1万粉丝好？答案是：视情况而定。如果100万粉丝中只有100人愿意为你的产品买单，而1万粉丝中却有1000人愿意为你的产品买单，那显然是1万粉丝好。

因此，作为一人企业，我们应该只聚焦一部分客户，为其提供优质产品和服务。

第二，做到专业。 一人企业最大的特点是一人，这对专业度的要求是很高的。这类企业要有竞争力，就一定要做到专业，在细分领域内做到有影响力。

例如，如果我们做摄影，不要什么题材都做，可以只做亲子摄影，这样我们就更容易做到专业。

什么是专业？

（1）要有过硬的技术和品质，能够提供过硬的产品和服务。

（2）具备功能性，能够满足客户的需求，简而言之就是实用、性价比高。

（3）占领客户心智，能够在客户心目中占有一席之地，最好能够做到客户一提起某个品类的产品或服务，就能够想到你。

在做到专业的过程中，最重要的是要形成自己的核心竞争力。

例如，我们要做短视频，在内容和技术上能否形成独特的竞争力，让自己在同类短视频博主中脱颖而出，争取到更多的粉丝？就像董宇辉在内容的创作和输出上独树一帜，吸引了大量粉丝，而且这些粉丝愿意为董宇辉买单。这就是形成了核心竞争力，是专业最突出的体现。

第三，建立壁垒。

一人企业要在市场上生存和可持续发展，就应该在发展过程中建立自己的壁垒。

首先应该考虑突出产品和服务的特质，也就是与众不同之处。 当然，产品和服务在市场上的与众不同之处，特别是在功能、设计等方面的与众不同之处，是很容易被他人复制的，但其特质却是难以模仿的。特质从哪里来？产品和服务的调性、文化内涵、情绪价值，都是值得考量的方面。

其次是渠道。产品和服务容易被模仿和复制，但渠道很难被复制。产品和服务触达用户的能力，就是其核心能力。例如，可口可乐的核心竞争力不仅来自它的独特配方，更重要的是来自它无孔不入的销售网络。这是竞争对手很难超越的，也是难以攻克的壁垒。

最后是品牌。品牌是产品和服务的标识，是他人无法模仿和复制的东西。因此，一人企业要建立属于自己的壁垒，最好能打造属于自己的品牌。当然，打造品牌不是设计一个标识、喊几句广告语就可以实现的，而是建立在坚实的品质和服务基础上的。没有这些因素的强力保证，不可能打造出一个值得信赖的品牌，因此这需要长期的付出与努力。但是从建立壁垒、实现企业可持续发展的角度来看，这个付出是值得的。

第四，反脆弱。相比于大规模的企业，一人企业最重要的是其反脆弱的能力。

首先，成本最小化。一人企业的成本投入较少，特别是固定资产、原材料、人力资源等方面的投入少，这就可以将成本控制到最低，也就是将风险控制到最低。一人企业要做到不融资、不负债，不失去绝对控制权。这就是小而精、小而强的一人企业，这样的企业往往是生命力最顽强的。

一人企业不追求企业规模的扩大，而是以最低的成本去经营，保持小规模，小到无法倒闭。

其次，实行最小可行产品策略。 一人企业做到成本最小化还可以充分借鉴"最小可行产品"的理念和方法。其本质是一种产品开发策略，花最少的力气，用最短的开发时间，经历一次完整的"开发—测量—认知—验证"循环，避免开发出客户并不真正需要而又庞大的产品。我们可以快速构建符合产品预期功能的最小功能集合，这个最小功能集合所包含的功能足以满足产品部署的要求，并能够检验有关客户与产品交互的关键假设。如果假设得到了验证，我们再大规模投入资源进入市场；如果没有通过，那这就是一次快速试错，我们要尽快调整产品方向。

最后，快速转型。 严控负债和库存，按照订单生产，这样的模式具备一个特别显著的特征，就是在企业需要转型的时候，能够迅速实现产品、服务和商业模式的更新，没有历史负担，不会遗留历史问题。对于一人企业而言，"船小好掉头"；对于创业者而言，这是非常关键的生存之道。

- 青葱学子（18—22岁）：注重"志业"
- 活力青春（23—35岁）：突出"抉择"
- 正值壮年（36—63岁）：聚焦"创造"
- 悠长假期（退休之后）：关注"作为"

扫码踏上"铁赚"之路

第九章

"铁赚"

贯穿一生的财富计划

第一节

青葱学子（18—22岁）：注重"志业"

- ☑ 明确志业
- ☑ 做好专业知识积累
- ☑ 形成习惯
- ☑ 锤炼能力
- ☑ 融入社会和市场

我们每个人都会经历童年期、青年期、中年期、老年期这些人生阶段，每个阶段都有独特的风景，都会有不同的际遇。每个人生阶段都有许多值得遵循的原则，以及值得把握的机会，这些原则和机会能够让我们在时间的长河中不荒废、不错过，收获时间绽放的玫瑰，实现"铁赚"。

"铁赚"思维应该贯穿我们整个人生，特别是18岁以后的人生。

对于大多数人来说，18—22岁的大学时光是人生中最关键的时期。这段时期是树立人生目标、明确一生事业的关键时期，是学习专业知识、建立知识和思维框架最重要的时期。

虽然每个人对成功的定义不一样，但从普世意义上看，成功大约可以包括身体健康、家庭幸福、事业有成等方面，而事业有成按照性质又可以分为在专业上取得突破，在商业上取得成功，在仕途上取得进步。

在这里，**在专业上取得突破是指成为"专家"，能够在专业技术、学术研究、科技发展等领域做出贡献**。例如，成为一名科学家，成为一名学术造诣深厚的教授，成为一名在业务上有突破的医生或老师等。正所谓"术业有专攻"，对于很多人而言，成为有技术专长的人就是重要的人生目标。

在商业上取得成功是指在商业领域，依托商业洞察力整合资源，为市场提供产品和服务，为社会创造财富。商业活动是经济发展的重要推动力，投身商业就是在助力经济社会的发展。

在仕途上取得进步是指在权力体系内的地位持续上升，这是绝大多数选择这条道路的人的梦想。在保证权力合法合规使用的前提之下，仕途进步是一种肯定，也是推动整个社会进步的积极力量。但对于大学生而言，前两者更重要。

那么，在大学时期，有什么是值得我们做的？我们要弄清楚驱动一个人进步的底层逻辑和力量是什么。只有最深沉的底层力量才能助力一生的行动，才能达成人生的理想。

从人生历程来看，人的最高理想是什么？自由而全面地发展。

如何实现自由？这就必须拥有把握命运的能力，也就是安排人生事务的能力，这种能力是人生的顶尖能力。拥有这种能力的人，可谓金字塔尖的人士，并不多见。

拥有这种能力的人可以分为两种类型：先赋型和后天型。

> （1）先赋型就是天生拥有这种能力的人，也就是所谓"生来就在罗马"的那些人。
> （2）后天型就是只有靠个人的修炼和奋斗才能获得这种能力的人。

对于大多数人而言，要获得自由，就必须从小做好规划、训练和积累。

➡ 明确志业

志业不同于志趣，志趣是志向和兴趣，而志业是志向和事业。人终其一生，能做的事情是很少的。像列奥纳多·达·芬奇这样百科全书式的人物是很罕见的，绝大多数人一生只能从事一种或几种职业。因此，大学时期的首要任务，就是明确自己的志业，并尝试使其成为终生职业追求。

在进入大学时，明确志业是非常有必要的。很多人直到大学毕业甚至进入社会多年，都不太清楚自己未来想从事什么职业，要实现什么人生理想，最后只能感慨岁月蹉跎、一事无成。早做打算、早做准备，会让人生更为顺利。

但明确一生的志业并不是一件容易的事情。志业不等于你大学的专业，因为大学的专业可能是家人给你选的，可能是和同学一聊，头脑一热就定下来的，也可能是被调剂的；志业也不等于你的兴趣爱好，因为兴趣爱好可能是一时兴起，或者因为兴趣爱好太多，很难挑选出最热爱的作为终生职业追求。

要明确一生的志业，首先要了解你真正的志趣所在。如果你认为你一生的最高梦想是成为作家，那就从大学开始学习写作。但人容易变化，随着自己兴趣的变化、观念的变化或者外部世界的变化，人生的追求也会发生变化。对于很多人来说，人生目标会发生多次变化，这是正常的。但是，从理想状态而言，找到内心真正的渴望，趁早行动，并为之奋斗一生，更容易实现自己的职业目标。

➡ 做好专业知识积累

专业知识是立身之本，是未来人生路上最大的依靠。**但是**

专业知识并不专指你在大学里学习的专业知识，还指你未来希望从事的事业的专业知识。

大学专业需要学习，但很多人未来的发展方向跟大学专业并不一致，而一个有着明确的志业的人会在完成学业任务的基础上，把自己的理想专业学好。

例如，如果你的大学专业是法学，但你的理想可能与法学无关，而与计算机有关，那么你就可以在完成（注意是完成）法学专业学习的基础上，把计算机专业知识学好。

注意，要学习你未来希望为之奋斗的专业的相关知识，而不是其他知识。 把基础夯实，让自己成为这个专业的专家，这能够让自己在事业发展的过程中行稳致远，步步为营，从一个胜利走向又一个胜利。

● 形成习惯

大学时期是人生最重要的塑造期，在此期间形成的习惯能够影响人的一生。因为相对于此前的中学时期，以及此后的职场时期，大学时期的自由度是很高的。虽然我们会有很多的课程，必修和选修课程会占用大学生活的主要时间，但在课余，可自由支配的时间是充裕的。

在可自由支配的时间里,我们可以做的事情很多,而且大部分都值得一做,如参加体育运动、谈恋爱等。**但是有一件很重要的事,就是养成一些好习惯。**

> (1)运动。如果能在大学里坚持运动,那么我们一生都可能坚持运动、享受运动。
>
> (2)读书。如果我们在大学里坚持阅读,那么我们一生将会在阅读中受益无穷。
>
> (3)写日记。如果我们坚持写日记四年,那么我们一生都可能坚持写日记。
>
> ……

总而言之,不要忽略了大学生活对于养成一生习惯的力量,抓住可自由支配的时间,养成受用一生的好习惯,弥足珍贵。

➲ 锤炼能力

大学时期也是锤炼各种重要能力的关键时期。这些能力包括思考能力、学习能力、行动能力。

思考能力就是一个人通过观察世界、理解世界，洞悉事物运行的底层逻辑，最终形成独立、深入、独到认知的能力。

要提升思考能力，最重要的方法就是挖掘事物的本质。例如，当我们看到直播带货很火时，我们就要去问火的原因是什么？是观众对主播的信任以及商品的性价比。那么性价比又是从哪里来的？是"薄利多销"和品牌影响力。那么"薄利多销"的背后又是什么？是产能、产量和市场供需在起作用。如果凡事都喜欢一步一步地追问下去，我们就会发现自己的思考能力得到了显著提升。

在大学时期，要学会凡事多问几个为什么，这将会使得我们一生都爱思考、会思考。

学习能力是指理解、接受、掌握和利用新理念、新知识、新技能的能力。 在迅速变化的时代，学习能力，特别是快速学习的能力尤为重要。谁能够在最短时间内掌握新理念、新知识、新技能，谁就能最快掌握先机。

提升学习能力需要训练。这里提供一个可供参考的方法。

例如，我们需要学习经济学，那么我们应该遵循哪几个步骤？

> （1）找到经济学知识和理论框架。
> （2）围绕框架学习经济学的前提假设。
> （3）学习经济学的主要概念。
> （4）学习经济学的重要模型。
> （5）用经济学理论来解释经济世界的运转。

提高学习能力靠的是训练，只有经过大量训练和总结，通过反复验证和改进，才能够真正提升学习能力。

行动能力就是最终实现某种既定目标的能力，其中包括启动行动、推进执行、提供保障、最终达成目标的能力。

我们是语言的巨人，行动的矮子吗？我们能做到言必行，行必果吗？我们能够按时按质按量达成目标吗？我们执行任务，是否能够经常（甚至每次）超预期完成吗？这些都是涉及行动能力的问题。

行动能力靠的是人的潜意识，只有形成强大的正向潜意识，才可能拥有强大的行动能力。

潜意识靠的是什么？归根结底靠的是习惯。习惯从哪里来？从刻意练习中来。因此，我们应该对自己的行动进行专门练习，在反复、持续的练习中，让自己拥有强大的行动能力。

融入社会和市场

大学不应该只是象牙塔,它应该是一个人走向社会的过渡期。在这个过渡期内,一方面我们应该做好大学学业、专业的学习;另一方面我们更应该做好向社会和市场的过渡。

这种过渡是指在掌握专业知识的基础上,掌握职场技能,让自己能够在毕业后实现无缝、无痛衔接。

因此,在大学时期,我们应该多参加社会实践。当然这里提倡的不是去打工、去摆摊、去做家教,而是围绕自己的志业去实践,包括找相关的市场主体、社会主体去学习、实践、提升,做到学以致用,并且能够让自己实现从理论到实践的完美过渡。

通过这种方式,一方面,把自己所学的专业理论知识用到社会实践中;另一方面,让社会实践反过来促进专业理论知识的学习。这应该是一个完美的闭环。

第二节

活力青春（23—35岁）：突出"抉择"

☑ 赛道的选择

☑ 婚姻的选择

从高校毕业后，我们就要进入社会和市场，此时会有三种可能。

> （1）进入职场，这是大部分人的选择。
> （2）成为自由职业者，无固定雇主，包括在网络上接订单赚钱。
> （3）创业，自己当老板，为社会和市场提供产品和服务。

为什么从23岁（并不确切指23岁，而是指完成高等教育的时间，包括取得硕士、博士学位后毕业的时间）到35岁这段时间非常重要呢?

因为这段时间属于人生中成家立业的阶段。成家立业是中国人赋予自己的两个最重要的人生任务。但凡说自己已经成家立业,那自己就已经完成了两件人生大事。

从"铁赚"思维看,至少有两件事需要我们重点考虑。

● 赛道的选择

如果我们在大学时期没有选好人生志业,那么最好在进入社会之初就选好自己的人生目标,也就是选好人生赛道。

很多人在大学时期对于自身专业、行业、市场和社会并没有太多认识,而现实世界更多的是存在于年轻人的想象之中,因此并不能奢求每个年轻人都能够在学校里就选好人生的方向。

但是,进入社会之后,我们就应该尽早确定人生的方向。如果在35岁之前明确不了自己人生的方向,那么随着年龄的增长,未来实现人生目标的时间就会越来越少,实现理想的希望将越来越渺茫。

因此,我们要尽早确定人生的赛道。赛道本是专门为赛车比赛设计的跑道,但在这里是指人与人竞争的专业领域,实际上就是人生的志业。

赛道的选择可以遵循以下几个原则：

一是要发现自己的兴趣和专长。进入社会后，我们在参与社会实践的同时，要注意发现自己真正的兴趣所在。兴趣是最好的老师，我们一定要把这个"最好的老师"找到。

兴趣的作用在于其能够成为你的目标理想和奋斗的方向；能够让你对某件事情持续充满好奇和热情，驱动你去探索更多未知；能够在你遇到困难和挫折的时候，让你有勇气、有欲望、有能量去战胜它们。

二是要考虑自己的潜能。每个人都拥有潜能。没有缺乏潜能的人，只有潜能未得到开发的人。青年人群智力活跃、精力旺盛，对新生事物充满好奇。我们可以抓住青年时期的特长和优点，充分发现自身潜能，通过刻意练习，发挥自身潜能。

我们对于潜能、天赋等特质总是存在一些错误的认知，比如总有人抱怨："我没有语言天赋，学外语怎么也学不好，比不上其他人，因为他一学就会，还能够迅速掌握许多技巧，在公众场合能够自如地使用外语，我只有羡慕、嫉妒、恨的份儿。"

其实不然，这种"我不如别人"的说法，往往来自一些谬误的合成：可能你的方法不对，可能你花的时间不够，也可能你在某些时刻受到一点小挫折之后就丧失了好奇和热情,也可能你暂时把兴趣转移到了别的事物之上。总之,你不是真的"不行",而是没有真正有效地把时间用在某件事上。

因此,发现潜能、挖掘天赋是在赛道的选择上值得重点思考和投入的事项。

三是要重点考虑经济社会和科技的发展方向。我们可以从曾经的热门专业看未来的发展方向,通过回顾得到一些启发,让自己在未来的市场竞争中能够站稳脚跟。

20世纪80年代末90年代初,改革开放如火如荼,和"国际"二字沾边的专业受到热烈欢迎,外语、国际贸易、国际关系等专业颇受追捧。

20世纪90年代,随着市场经济的发展,工商管理、会计、旅游等专业曾经火爆一时;金融人才的需求很大,一直到近年,金融专业仍是很热门的专业。但是随着经济的发展和转型,金融专业的热度已经不如过去了。

同样在20世纪90年代,随着依法治国进程的加快推进,国家法律人才匮乏,法律专业成为香饽饽,很多大学都开设了法律专业。但目前看供大于求,法律专业学生的就业形势并不乐观。

2000年以后,我国房地产业迎来大发展,同济大学的土木工程专业、东南大学的建筑学专业在最火的时候，其录取分数线都超过了清华大学的录取分数线。但是建筑行业是周期性明显的行业，近年来，房地产市场低迷，虽然其仍是我国支柱产业，但相关专业已经"跌落神坛"了。

由此可见，很多专业都是各领风骚好几年，但随着社会经济的进步，都会"你方唱罢我登场"。

因此，在选择赛道的时候，我们应该参考热门专业变迁的特点，考虑未来的发展方向。 这个方向可以根据你在学校所学的专业确定，也可以是任何你认为具有前景的方向。

很多人向我咨询孩子大学选择专业的问题，我就给他们提出建议："除了兴趣，更应该考虑社会未来的发展方向。"

大家有没有发现，在以上所列举的热门专业中，有一个专业没有提到，就是计算机专业。实际上，计算机专业是一个常青树专业。虽然在2000年左右遇到互联网泡沫，计算机专业受到冲击，但此后计算机专业一直长盛不衰。最近几年，人工智能、大数据、云计算等相关技术和产业方兴未艾，计算机相关专业将会继续火热。

第三次工业革命的一个标志就是电子计算机的发展。第四次工业革命的一个标志将是人工智能。随着人工智能时代的到来，很多人将会失去工作，很多专业也将被边缘化甚至消失。

如果说有什么赛道具有较强的生命力，那么我推荐计算机和人工智能方向。有人指出：人工智能已经能够为人类写代码，"码农"也会消失。其实这样的说法是不对的，因为在可见的未来，在最需要原创力的细分领域，人还是要比计算机聪明的。

可以说，在"奇点"到来之前，我们人类还是能够超越人工智能的。"奇点"代表了人工智能不仅比人类更聪明，而且能够以远远超出人类能力的速度不断改进自身。这种自我改进可能会导致技术进步的爆炸性加速。"奇点"通常与戏剧性的预测联系在一起，例如人类的终结，将人类意识上传到计算机上的能力，以及大规模社会破坏的可能性。

但"奇点"其实是一个有争议性的概念。不管如何，在人类依然能掌控自己命运的时代，计算机和人工智能相关赛道还是比较有前景的。

当然，三百六十行，行行出状元。对于绝大多数的行业而言，只要我们能够成为其中的优秀专业人士，就能够在社会和市场中立足。这里只是强调，在职业和事业发展中选择符合社会、经济和科技发展大趋势的赛道，我们的发展空间相对会更大。

➡ 婚姻的选择

上述讲述的是"立业",现在就要讲"成家"。

成家为什么重要？

因为成家是人一生中的高能时刻。具体而言,结婚是人生的高能时刻。

当今社会,关于结婚,每个人都有自己的观点。有人说："按时结婚,天经地义。"有人说："结婚是人的自由,看自己乐意不乐意。"有人说："绝不结婚。"

确实,婚姻自由,但结婚应该是一个需要被严肃对待的决定。因为结婚意味着对对方的承诺,也意味着一旦生育了后代,就应该对后代负责。

从个人事业发展的角度看,一个志同道合的配偶对于双方的发展都具有非常重大的促进作用。从身体健康的角度看,找一个低能耗伴侣是非常重要的。

什么是低能耗伴侣？**就是相处起来轻松愉快,不需要消耗不必要能量的伴侣,也就是相处起来没有压力的伴侣。**

如果我们对伴侣都要假装,这个就不能算低能耗伴侣。比如,伴侣有自己的兴趣爱好,自己为了讨好对方,也假装有相同的兴趣爱好,或者强迫自己去拥有这样的兴趣爱好；

又如，为了让双方关系更密切，努力去迎合对方所热衷的话题。

这些必须调用意志力才能应对的状态都可以笼统地称为"压力"，压力会产生应激反应。如果人长期处于应激状态，身体把大量能量集中于应对紧急突发状况，那就没有多少能量服务于长期重要的需求，比如消化、繁殖、疗伤、抵抗疾病等。

因此，当这种压力长期存在的时候，我们的身心就始终处于高度紧张、焦虑冲动的状态，可能会导致心血管疾病、糖尿病、不孕不育、神经性皮肤病、哮喘、感冒等疾病。

长时间的自控就像慢性压力一样，逐渐侵蚀你的免疫力、抵抗力，最终摧毁你的健康。

找到低能耗伴侣，可能会让你更加健康长寿。

然而，很多人并不认为婚姻很重要，在寻找结婚对象的时候并不是非常认真，没有经过深入的观察和思考，往往就是头脑一热就去结了婚。结婚之后发现婚姻很累、很辛苦，但是由于各种原因又无法离婚。

很多人在买菜的时候还货比三家，反复比较、反复杀价，但在结婚的时候却显得非常随意，而这种随意可能会带来较大的隐患。

因此，在这个初入社会的阶段，立业和成家都非常重要，能够决定你一生的幸福感和成就感。既然这两个选择如此重要，那我们不妨多花时间、多动脑筋。人生漫长，但在做出这两个最重要的选择的时候，即使是花再多的时间，也是值得的，也要在所不惜。

第三节

正值壮年（36—63岁）：聚焦"创造"

- ☑ 产品杠杆
- ☑ 雇佣杠杆
- ☑ 资源杠杆
- ☑ 品牌杠杆

一个人在职场经历了一段时间的探索后,就进入了成熟期。在此期间,人们往往上有老下有小,家庭压力逐渐增大。但是,这个时期是事业发展的黄金时期,也就是创造价值的黄金时期。

如何创造价值?

一个人所能够取得成就的高度,不仅在于个人的勤奋,更在于各种杠杆的构建和利用。

荀子的《劝学》里有这么一段话:"登高而招,臂非加长也,而见者远;顺风而呼,声非加疾也,而闻者彰。假舆马者,非利足也,而致千里;假舟楫者,非能水也,而绝江河。君子生非异也,善假于物也。"

这是什么意思呢？登到高处招手，手臂并没有加长，可是远处的人却能看见；顺着风喊，声音并没有变得洪亮，可是远处的人却能听得清楚。借助车马的人，并不是脚走得快，却可以到达千里之外；借助舟船的人，并不善于游泳，却可以横渡江河。君子的资质和秉性跟一般人没什么不同，只是善于借助外物罢了。

这就是杠杆的力量。

乔布斯不可能一个人研发出苹果手机；马斯克不可能自己徒手建造出一座特斯拉工厂；贝佐斯不可能一个人建立起亚马逊帝国；卡梅隆不可能全靠自己写剧本、拍摄、剪辑而生产出一部电影。

但凡有成就的人，一定采用了某种方式，让社会和市场上的资源为他服务，让他延伸和拓展了自己的能力。

这种方式就是杠杆。一般来说，**人生重要的杠杆包括产品杠杆、雇佣杠杆、资源杠杆、品牌杠杆。**

一是产品杠杆。我一直强调，每个人都应该有产品意识。也就是说，我们应该问这样一个问题：价值在哪个地方会被创造出来？

如果我是一个科学家，那我的价值创造体现在取得突破性的科研成果。如果我是一个汽车工程师，那我的价值创造体现在研发出一辆汽车。如果我是一个作家,那我的价值创造体现在我的文字作品。价值创造往往体现在研究、开发、生产、流通、销售等阶段。这些流程的载体是什么?就是产品。

每个人都应该创造(包括销售)一个产品,让这个产品帮你创造价值,帮你赚钱,让产品在生产、流通的过程中实现增值,这就是产品杠杆。

例如,拼多多就是黄铮的产品杠杆。多年前,拼多多的广告"三亿人都在拼"到处都是,黄铮通过各种传播手段,让拼多多的用户数量实现爆炸式增长。

有了产品,我们才能利用一切资源,让个人价值最大化。

如果你是一个创作爱好者,那么你的作品就是产品杠杆。写文章、画画、平面设计……这些都是你可以利用的杠杆。让自己的作品产品化,然后推广、销售出去,这样你就有可能最大化地实现自己的价值。

所以,每个人都应该具有产品意识——把产品研发和生产出来,然后把它卖出去。

我们之中可能大部分人都是工薪阶层,依靠薪酬生存。我们经常抱怨:"我只是一块砖,哪里需要就往哪里搬;我只是一颗螺丝钉,哪里需要就往哪里拧。"

产品杠杆提醒我们:每个人都具有独特的价值,努力将这些价值产品化,在为雇主服务的同时,向雇主交付的东西就是我们的产品。有了这样的产品意识,我们就会想方设法在产品中注入价值,让我们所交付的东西更值钱,实际上也是让自己更值钱,更容易赚钱。

产品意识意味着我们把日常的工作作品化、艺术化,或是艺术品化。相对于我们日常应付式的、被动式的、零散化的忙忙碌碌,如果我们把自己的行动建构起来,将其作为一个产品来打造,那么工作内容虽然没有大的变化,但视角、格局和效率将会出现巨大的提升。

二是雇佣杠杆。一个人即使拥有三头六臂,能力也是有限的。但是,如果你通过雇佣的方式,请他人为你服务,那么你的能力就可以大幅度提高。

如果你发现某种产品的市场空间很大,但你个人能力有限,那么你可以通过雇佣的方式,将专业的人士雇佣过来,把产品研发和生产出来,这样你就具备了价值创造的能力。

采购服务也是一种雇佣关系。当前互联网平台上有很多可以采购的服务。如果从价值创造的角度看,采购服务可能让你实现商业闭环。

雇佣关系将会使你的行动实现增值。借助他人的专业之力,你的手臂会变得更长,脚步会迈得更大。

三是资源杠杆。 一个人所拥有的资源是极其有限的。如果我们需要创造更大的价值,那么我们必须依靠各种社会资源。

(1) 合作资源。一个人要创造更大的价值,必须与他人合作,在合作中实现共赢。没有合作,就不可能扩大生产。例如,如果你从事的是农业,对于种子资源、种植技术、品牌建设、销售渠道等方面,你应该找到合作资源,让生产和销售全过程得到更大的助力。

(2) 人脉资源。人脉资源就是能够互相依靠、互相帮助解决问题的人际关系。每个人都在说人脉资源的重要性,事实确实如此。人脉资源杠杆的力量是巨大的、不可估量的。但是人脉资源一定是建立在自身价值的基础上的。人脉资源的本质就是能量和资源的相互交换。人脉资源为什么能帮到你?在很大程度上,就是因为你也有价值,在未来能够帮助到他人。所以,人脉资源的本质,就是让自己更有价值。

四是品牌杠杆。 品牌的价值是无限的,把自己打造成一个品牌,然后变现,这种杠杆的力量是巨大的。

如果我们从事的是自媒体行业，最好的价值创造的路径就是将自己打造成一个品牌，也就是往自己身上贴一个显著的标签，或将自己整个人打造成一张闪亮的名片。

必须注意的是，打造品牌并不是生硬地往身上贴标签。**品牌是建立在过硬的、有特色的产品和服务基础上的**。所以，打造品牌，要注意以下几点：

（1）做好定位。坚持差异化、特色化的原则，抓住特定的用户群的痛点和需求点，把自己的产品和服务定位在精准用户身上。

（2）打造质量过硬的产品和服务，让这些产品和服务经得起市场的考验。这是实力的体现，没有实力的产品和服务，其品牌是没有价值和意义的。

（3）突出包装和传播。"酒香也怕巷子深"，更何况我们要打造品牌。品牌的打造离不开传播。传播的渠道有很多，包括形象展示、口碑传播、媒体传播等。传播的理念和方法也有很多，最重要的是要突出特色。

第四节

悠长假期（退休之后）：
关注"作为"

☑ 老有所养

☑ 老有所乐

☑ 老有所为

近年来，延迟退休成为民众热议的话题。

2024年9月，《全国人民代表大会常务委员会关于实施渐进式延迟法定退休年龄的决定》提出，同步启动延迟男、女职工的法定退休年龄，用十五年时间，逐步将男职工的法定退休年龄从原六十周岁延迟至六十三周岁，将女职工的法定退休年龄从原五十周岁、五十五周岁分别延迟至五十五周岁、五十八周岁。

超过60岁退休，在美国、日本等国家一直是受鼓励的事项，未来在我国也是大势所趋，这是由我国经济社会发展特点决定的。

但不管是60岁退休，还是63岁退休，甚至在更大的年龄退休，我们每个人最终都要面对退休这件人生大事。

《2023年我国卫生健康事业发展统计公报》显示，我国居民人均预期寿命达到78.6岁。按照78岁寿命计算，假设63岁退休，从63岁到78岁，人们还会有15年的重要时光。

为什么这15年是重要的15年呢？处于这段时间的人有一定的经济基础，有丰富的人生阅历，没有学业和事业上的压力，所以这15年完全可以称为享受人生奋斗成果的15年，在此期间，我们可以真正实现人生的自由。

如何过好退休之后的宝贵的15年生活？

➲ 老有所养

对于多数人而言，尽可能在年轻的时候缴纳基本养老保险、企业年金或者职业年金以及个人养老金，做好养老的准备是很有必要的。

基本养老保险是国家强制企事业单位必须缴纳的养老保险。 这是你所在单位和你个人共同缴纳的，是你所在单位给你的福利。

虽然当前有各种关于养老金的说法，但国家一定会根据养老金的支出情况持续调整优化养老金收付政策，确保今天的年轻人在未来也能够"老有所养"。

企业年金是你所在企业为你的老年生活提供的坚强保障，也是一个巨大的福利，能够参加就一定要参加。但是，当前能够为职工缴纳企业年金的企业还是比较少的，未来随着经济社会的发展，这些企业会越来越多，让大家得到更好的保障。

个人养老金账户能够为自行缴纳养老金的人士提供抵税、获取投资渠道等便利，我们可以结合自身情况进行缴纳。

此外，我们可以在年轻的时候购买商业养老保险，以及百万医疗险、重疾险、意外险、定期寿险等主要险种，特别是百万医疗险、重疾险，我们应该予以重点关注。这是为老年生活提供保障的重要方式。

➡ 老有所乐

年轻是因，年老是果。年老时候的大多数事情都是年轻时所作所为的果。年老的时候不仅仅需要老有所养，还应该做到老有所乐。

老有所乐就是让自己的老年生活更有趣味。但现实是许多老年人在年老后享受生活的时候却不知所措，不知道如何享受生活的乐趣。很多老年人迷上了喝酒、打牌、赌博等，对身心健康产生了严重的负面影响。

老年的生活方式也是年轻时生活习惯的延伸。因此，在年轻的时候，我们要养成良好的生活习惯，包括阅读、健身、进行文艺活动等，最好能够形成一些特长，这可能让我们在未来的退休生活中受益匪浅。

当今的孩子们一定要找到自己所热爱的课余活动，如弹钢琴、练书法、踢足球、阅读、写作等。这些生活方式、业余爱好不仅对身心健康很有好处，对个人成长大有裨益，更是一种心灵的依靠和慰藉，在人遭遇挫折、情绪低落、内心彷徨时会成为我们强大的心灵支柱。

这些兴趣爱好和特长的培养，对于老年生活也是非常有裨益的。当老年人的生活中有爱好、有追求、有乐趣的时候，他们就不容易陷入电信诈骗、保健品骗局之中，而且生活质量会得到有力支撑。

老有所乐，还必须注意让自己与整个世界同步。在年轻时，在职场中，我们可能因为工作、社交等关系，能够时刻接触到当时世界的前沿资讯，和世界保持同步。但在退休之后，很多人就可能和世界脱节了，这种长期与世隔绝的状态会加速大脑的老化，从而对身体健康造成不可逆的负面影响。

➡ 老有所为

对于很多人而言，退休的时候能够做到老有所养、老有所乐就可以了，这正是我们享受年轻时候奋斗的成果的时候。

但是对于一些内心仍有梦想和追求的退休人员而言，60岁或63岁的人并不是一个"老迈得无用"的人，而是一个依然年富力强、富有经验、能够看透世界本质的人，在很多事情上依然能有所作为。

一是可以作为专家。 专家可以继续为社会贡献智慧力量。老年人最重要的财富就是经验，这些经验对于年轻人是很重要的。很多人探索了一辈子，在退休时达到了很高的技术高度和学识高度。这些技术和学识不仅仅是个人的财富，更是社会的财富。因此，很多退休人员可以称为专家。

退休人员享受晚年生活无可厚非，但从社会利益最大化的角度看，在身体等条件允许的情况下，退休人员可以通过接受返聘、参加讲座、授课等方式，为年轻人、为社会分享更多经验，提供自身人生经验教训，帮助后辈"避坑"，少走弯路。这种作为专家的生活方式，对于退休人员的身心健康是有益的。

（1）这种生活方式可以让老年人有成就感，并满足老年人自我实现的需要，对自己产生一种"我还有用"的暗示，对于身体健康是有好处的。

（2）这种生活方式对于老年人参加社会活动，保持与社会同步，保持开放的视野、开阔的心胸，维护身心健康具有积极作用。

（3）这种生活方式可以获得相应的物质回报，就是一种老有所为。

二是可以作为创作者。 当前互联网技术给人们的生活带来了诸多便利，各种新媒体平台（包括抖音、微博、小红书以及各大门户网站的创作平台等）可以为人们提供创作的舞台。退休人员可以充分利用这些平台进行文字、视频等形式的创作。

这些平台的门槛不高、投入不大，往往只需要投入少量的时间和精力，就可以在上面进行创作。这种创作方式非常适合老年人。

这些平台可以为老年人带来诸多好处：

> （1）这种创作需要手脑并用，对于保持大脑活跃度、维持年轻状态具有积极的意义。
>
> （2）依托上述平台，通过社交、互动等方式，老年创作者能够与世界保持同步，不至于与社会脱节。
>
> （3）在创作中可以积累粉丝，为粉丝带来价值（包括信息、经验、娱乐及情绪价值等），老年人能够获得成就感和满足自我实现的需求。
>
> （4）在平台进行创作还可能获得一定的经济收入，对于老年生活而言无疑是一大好事。

三是可以作为创业者。创业是一件困难重重的事情，"竞争""压力""风险"等就是题中应有之义。对于年轻人而言，他们可以依靠年轻、精力旺盛、创新创造精神强烈等优势去创业，可以承担较大风险，大不了从头再来。而老年人似乎无论如何也很难和创业挂上钩。

但相比于年轻人，老年人创业具有很多优势：有丰富的专业经验，强大的资源网络，较强的对行业、产业、经济、社会的洞察力等。60岁左右往往是退休人员年富力强的时期，一部分退休人员还积累了可观的财富，这对于创业具有较大优势。

实际上，退休人员创业不乏成功案例：

> （1）74岁的褚时健与妻子在云南省玉溪市新平县哀牢山承包荒山开始种橙，进行第二次创业。他85岁时，"褚橙"通过电商平台开始售卖，广受欢迎，褚时健成为"中国橙王"。
>
> （2）60岁退休的吴志刚创办了"桃李面包"。2015年，"桃李面包"成功登陆A股市场，吴志刚成为"面包大王"。
>
> （3）1984年退休后的王斌章攥着2000多元现金办起了雨伞厂，也就是后来举世闻名的"天堂伞"。
>
> （4）徐国风在退休之后，参与创办的冠昊生物成了A股上市公司。

但是，退休人员创业是一件风险极高的事情，以上案例中的退休人员仅仅展示了其中的佼佼者，他们也是幸存者。我并不鼓励老年人冒着巨大的风险去创业，仅仅为各位退休人士提供一条思路。创业,对于一些有核心技术、有洞察力、有资源优势、有市场和管理经验、有较强的抗风险能力的一小部分年富力强的退休人员而言,未必不是一个值得考虑的方向。毕竟,创业能够让一小部分人重新焕发强大的生命力,迎来生命的第二春。

后记

让我们勇敢地踏上"铁赚"之路

"铁赚"是大多数人的追求。毕竟，稳妥地赚钱，对一个安稳的人生意义重大。但是，这个世界是充满不确定性的，这种不确定性是盘踞在我们每个人面前的拦路虎。

在这个不确定的世界里"铁赚"，就是最大化地降低风险、提升收益，最大化地提升收益风险比。

我们经常说："有多大的风险就有多大的收益，收益和风险是相互匹配的，应正确认识到高收益背后可能潜藏着高风险。"

但是，收益和风险不是绝对对称的，这体现在很多方面。例如，风险的发生与收益的获取并不是同步的——可以通过商业模式和技术手段的创新把成本（或者边际成本）降至无限趋于零，最大化地降低风险，同时想方设法提升收益。在这种风险和收益的权衡匹配中，我们大幅提升了赚取超额收益的可能性，大概率实现"铁赚"。

归根到底，这就是经济发展和技术进步带来的时代红利。在当今基础设施（特别是互联网基础设施）高度发展的基础上，"铁赚"是有可能实现的。这些技术进步带来了资源配置和整合效率的提升，也带来了新业态的出现和新产业的进步，如知识付费、个体崛起、一人企业兴起等。

一个聚焦小型化市场主体的商业世界已经出现。过去几百年来，人们必须依靠一个较大型的组织才能生存，但在今天，一种新的生产组织形态萌芽，这种形态将大大降低市场风险，并大幅度提升收益。这种模式可能会成为未来社会的新主流。我们将从传统的集体思维——依靠大型团体、严密组织的桎梏中，打开一个资源流动更加顺畅、个人更加解放、个性更加张扬、个体更加重要的新世界。

这就是"铁赚"。

本书提出这个概念，并提出一些思路，供所有有志于创造一番属于自己的事业的读者参考。

我们要感谢这个伟大的时代，也要通过个体的努力，对这个时代予以积极响应，并推动这个时代通向更加激动人心的未来。

让财富主动上门

扫码踏上『铁赚』之路

提升认知
方法指导，打开格局。

高效行动
在线讲解，掌握秘诀。

不断精进
分享策略，实现突破。

长远规划
专业建议，走向巅峰。